CW00472837

El Kama-sutra moderno

François Hérausse

El Kama-sutra moderno

Ilustraciones de Exprim

FONTANA
PRACTICA

Ediciones Martínez Roca, S. A.

Traducción de Mari Carmen Doñate

Cubierta: Romi Sanmartí

Foto cubierta: A.G.E. FotoStock

Título original: *Le Kama-sutra moderne*

Enric Granados, 84, 08008 Barcelona
ISBN 84-270-2185-2
Depósito legal B. 37.087-1998
Fotocomposición: Pacmer, S. A.
Impresión: Liberduplex, S. L.
Encuadernación: Encuadernaciones Roma, S. L.

Impreso en España – Printed in Spain

PREFACIO

Esta breve obra sobre el amor constituye un menú amoroso para leer a solas o a cuatro manos, un menú libre para dar más agilidad a la comunicación amorosa, un intermediario capaz de derruir, paulatinamente, al hilo de sus páginas, las inhibiciones opresoras, una suave iniciación en las técnicas del amor...

Mejorar su conducta amorosa significa abrirse a nuevos placeres, otorgarse la posibilidad de satisfacer mejor a su pareja; muchas veces, en el lecho conyugal hay una latente insatisfacción por parte de la mujer... Los diferentes apartados de esta obra nos proponen una iniciación en las ciencias del arte de amar mediante consejos prácticos, sugerencias susceptibles de liberar la imaginación de los miembros de la pareja, una descripción e ilustración de las posturas elementales del coito y otras fórmulas mágicas.

Las variaciones en el acto sexual son una buena manera de renovar el placer y de acceder a una verdadera comunión de los sexos. Con frecuencia, un buen acoplamiento sexual permite vivir más armoniosamente y modifica siempre positivamente el vínculo de la pareja con su entorno. Esta obra alberga el propósito de teñir de vivos colores la vida cotidiana e invitarle a amar mejor.

INTRODUCCIÓN

Los Kama-sutra son célebres a pesar de no ser demasiado bien conocidos. Durante mucho tiempo, sus primeras traducciones estuvieron prohibidas en Occidente. Desde siempre, el más mítico de los libros que versan sobre el amor ha gozado de una reputación ultrajante. Resultado de una tradición multisecular, este «breviario» del amor constituye, de hecho, el fresco de una civilización.

Aun en nuestros días, los Kama-sutra siguen siendo, en sus diferentes aspectos, sorprendentemente actuales; las opiniones y los comentarios emitidos por Vatsyayana a menudo poseen un frescor exquisito, especialmente cuando analiza el comportamiento psicológico de los amantes...

La trama original del tratado de Vatsyayana sirve de soporte a las diversas sugerencias amorosas del «Kama-sutra» moderno, puesto que nos lleva a reflexionar sobre las enseñanzas en materia de amor. Vatsyayana prescribe a las mujeres que quieren acceder al deseado rango de Ganika (esposa de los «altos personajes») una lista de conocimientos a través de 64 artes vinculadas con el Kama-sutra.

No obstante, estas enseñanzas no constituyen lo esencial del arte de amar, ya que tanto los hombres como las mujeres pueden aprender algo más que la técnica de los besos y los abrazos, la importancia de las dimensiones del órgano sexual en la formación de las parejas y las posiciones para obtener una óptima combinación.

Vatsyayana nos propone una tipología de las relaciones, según su duración y su grado de intimidad, pero también según el vínculo existente entre los actos y los sentimientos. Las consideraciones que se refieren a las peleas entre enamorados permiten observar las maniobras de reconciliación y constatar que aquéllas muchas veces se producen a fin de despertar el deseo en el seno de la pareja.

A los hombres, Vatsyayana les enseña el arte de elegir una nueva esposa y cómo deben obrar para ganarse la confianza de la joven esposa antes de iniciarla en el amor físico.

No sólo describe los vínculos entre los esposos y las relaciones adúlteras y estratagemas de los seductores para conquistar a las mujeres de los demás, sino también las estrategias de las cortesanas para conquistar a un hombre y librarse de él cuando ya lo han «desplumado» por completo.

Antes de concluir su tratado, Vatsyayana propone un inventario de los afrodisíacos y otras recetas de amor; enumera numerosos medios artificiales, y a veces mágicos, a los que un hombre puede recurrir para obtener una apariencia seductora. Para subyugar a la mujer que desea o para acrecentar su virilidad, el hombre dispone de numerosos polvos, ungüentos y pociones, o de toda una gama de penes postizos, si se diera el caso de que hubiera perdido su virilidad...

Antes de pasar a desarrollar esta magnífica trama y de desvelar los secretos del Kama-sutra moderno, queremos ofrecerle algunas puntualizaciones sobre los escritos originales que constituyen la esencia de este libro.

Vatsyayana compuso su obra con la ayuda de los textos de autores que habían vivido más de mil años antes que él; no obstante, hace mención de que él mismo controló a través de su experiencia personal las prácticas que propone.

Según Yashodhara, el origen de la ciencia erótica se remonta al mítico Mallanaga, «el profeta de los Asura» (en los tiempos prehistóricos). Los primeros escritos se atribuyen a Nandi, compañero de Shiva, quien habría transcrito esta ciencia para la humanidad (Kama Shastra o las reglas del amor: saber codificado que trata de refinamientos de todo orden y de las técnicas de la voluptuosidad sexual).

Más tarde, la obra de Nandi fue reproducida por Shvetaketu, en el siglo VIII a. C., antes de ser estudiada de nuevo. Después, como era demasiado extensa, fue resumida por Babhru y sus discípulos, los Babhravya.

Entre los siglos III y I antes de nuestra era, otros autores (Charayana, Suvarnanabha, Ghotakamukha, Gonardiya, Gonikaputra, Dattaka) retomaron en diferentes tratados una o varias partes del trabajo de los Babhravya.

El tratado de Vatsyayana no puede fecharse con exactitud. Los historiadores especializados en erótica hindú saben desde hace mucho tiempo que es anterior al siglo VIII de la era cristiana, puesto que fue utilizado por Bhavabhuti –un poeta de la corte del rey de Kanauj, aproximadamente en el año 740– en su obra dramática, *Malatimadhava*.

Investigaciones más recientes han permitido fijar una cronología que, no obstante, continúa siendo bastante vaga. En el siglo VI de nuestra era, un autor, Virahamihira, utilizó numerosos pasajes de la obra de Vatsyayana en su *Brhatsamhita*.

Un suceso narrado en el texto de Suvarnanabha y retomado por Vatsyayana permite afirmar que el texto es posterior al siglo I a. C. El capítulo dedicado a los golpes y a los gritos del amor evoca la vida del rey Shatakarni de Kuntala, soberano que reinó en la India del sur en el siglo I a. C. Este rey mató accidentalmente a su primera esposa mientras la abrazaba apasionadamente... Así pues, el *Libro del Amor* fue compuesto entre el siglo I a. C. y el siglo VI de nuestra era.

Aunque no se pueda precisar más, esos dos paréntesis cronológicos nos dicen que Vatsyayana vivió en una época que se corresponde, probablemente, con la Edad Clásica de la India y con el advenimiento de los Gupta. Ésta es una precisión interesante, puesto que, como es bien sabido, ese período de la historia de la India fue muy refinado y muy próspero. Sin embargo, fue también durante esos siglos cuando el sistema de castas alcanzó su máxima rigidez con la puesta en práctica de las Leyes de Manu.

En sánscrito, la palabra *Kama* cubre el mismo campo semántico que la griega *eros*, es decir, significa el placer de los sentidos. No sólo implica el deseo amoroso, sino también el deseo en sentido amplio: la satisfacción de los sentidos, el oído, el tacto, la vista, el gusto y el olfato. En la tradición hindú, el Kama, saber codificado de los refinamientos de todo tipo y de las técnicas de la voluptuosidad sexual, es, de mayor a menor, el menos importante en dignidad de los grandes móviles de la acción humana, situándose después de Artha (riqueza, poder y búsqueda de la perfección en las distintas artes) y Dharma (respeto por el orden sociocósmico mediante la observancia de las leyes religiosas).

La satisfacción de los sentidos debe estar controlada por la mente, que, a su vez, debe guiarse por la consciencia del yo.

Moska, que significa la «búsqueda de la liberación», se inscribe después de Kama. Representa un estado al que sólo se puede llegar después de haberse desembarazado del peso de los actos. Este «cuarto móvil» de la acción humana no se suma a los otros tres objetivos del hombre, pero los transciende.

Al mismo tiempo, Kama se opone a Moska, ya que para alcanzar la liberación debe eliminarse el deseo, aunque ambos están estrechamente ligados porque el impulso que incita a alcanzar la liberación procede a su vez del deseo.

Vatsyayana, antes de emitir sus primeras consideraciones sobre el amor, alaba las tres metas de la vida: la virtud (dharma), la prosperidad (artha) y el amor (kama).

Dicho autor apunta a un erotismo moral, susceptible de conducir al hombre a la realización espiritual: «La infancia constituye el tiempo de la educación; la juventud y la madurez están consagradas a la obtención de los bienes y al amor; la vejez es el tiempo de los deberes religiosos con miras a la liberación final (Moska)».

El erotismo moral concebido por Vatsyayana constituye un estímulo para disfrutar de los placeres, aunque teniendo siempre presentes los valores espirituales. Vatsyayana invita al hombre a que emprenda todo lo que conduce a esos tres valores unidos, precisando que hay que abstenerse de cualquier acción unilateral que vaya en detrimento de los otros valores. Todo es equilibrio. El respeto de los tres valores terrestres debe conducir a la felicidad: el alma necesita la vida espiritual; la consciencia, la moral; el espíritu, el amor, y el cuerpo, el bienestar.

El espíritu de los Kama-sutra es muy característico del brahmanismo: todos los actos de la vida civil están integrados en los deberes y los ritos religiosos.

Las enseñanzas de los Kama-sutra no alientan nunca la satisfacción de las pasiones, ni el goce desmesurado; el éxtasis sexual se asimila con una experiencia superior a la razón: una voluptuosidad suprema donde se percibe lo divino. Refleja el sistema de pensamiento religioso, jurídico o moral de la sociedad en que vivía Vatsyayana. Una sociedad en la que el arte erótico formaba parte de la educación de los niños y adolescentes.

La India de nuestros días está mucho más impregnada de religiosidad y puritanismo; quizá porque ha padecido la influencia del islam y también la británica.

En Occidente, ha prevalecido durante mucho tiempo la moral judeocristiana, que reprime el instinto sexual de los individuos y los mantiene en un trágico estado de inmadurez sexual. Afortunadamente, desde hace algunas décadas, las mentalidades han comenzado a evolucionar en la mayoría de países.

El puritanismo autoritario y los integrismos religiosos están todavía presentes en el mundo, pero nuestro propósito no es entablar un proceso contra «inquisidores» de todos los pelajes, ni tampoco alentar la perversión.

El Kama-sutra moderno propone un texto que intenta ayudar a los hombres para que puedan controlar sus sentidos y alcanzar el bienestar sin dificultades. La sexualidad no puede seguir siendo por más tiempo un tema tabú, sino algo natural, y todos los actos de las parejas deben participar en su refinamiento.

LIBRO 1
CONSIDERACIONES GENERALES

Los conocimientos

Es tan necesario el aprendizaje de las «técnicas» del amor como su práctica.

LA ENSEÑANZA

En los Kama-sutra se explica el modo de actuar bien en el amor; no obstante, Vatsyayana menciona que los métodos de la ciencia erótica son siempre muy asequibles de practicar, excepto para quienes sólo confían en su propia iniciativa y, a pesar de todo, siguen permaneciendo ignorantes y torpes. Para que los textos puedan ser válidos en cualquier situación, hay que entender su sentido antes de ponerlos en práctica.

Las consideraciones de Vatsyayana están dirigidas especialmente a los privilegiados, a los burgueses afortunados que disponen de días enteros para consagrarse no sólo a los refinamientos del arte de amar, sino también a las demás artes. Vatsyayana comenta el estilo de vida de las tres castas superiores: los brahmanes, los príncipes de sangre y los responsables de la economía (negociantes, comerciantes y financieros). Esas tres castas gozan de un confortable nivel de vida que les permite disfrutar de una gran libertad; la cuarta casta, compuesta por la gran mayoría de la población, es demasiado pobre y está demasiado ocupada para poder beneficiarse de semejantes pasatiempos.

EL APRENDIZAJE Y LAS 64 ARTES

Los hombres deben estudiar las reglas del amor como complemento de otros saberes (dharma y artha); las mujeres tienen que dedicarse exclusivamente a su estudio, aunque deben dejarse guiar por otras mujeres habituadas a acostarse con los hombres, o por su esposo, si están casadas. No obstante, los estudios no son siempre los mismos, ya que Vatsyayana establece para las mujeres una lista de 64 ciencias auxiliares del Kama-sutra.

Claro está que para un hombre es muy importante ser educado y cortés, pero las mujeres que desean obtener toda clase de honores por medio de los hombres tienen que familiarizarse con las 64 artes, paralelamente al estudio de los Kama-sutra. La mujer que desea asimilar todas las artes citadas en la exhaustiva lista propuesta por Vatsyayana debe consagrarse por entero a ello y disponer de mucho tiempo libre.

Debe recluirse en lugar aislado para ejercitarse en el arte de la música, del canto, de la danza, de la pintura, de la decoración floral y de la disposición de los objetos que adornan la casa conyugal; en el arte de tatuar y colorear manos y uñas; en el dominio de los juegos de habilidad, de palabras, de magia y de azar, así como los infantiles y los que se juegan a dúo; dominar las fórmulas y los signos mágicos; interpretar los presagios o cambiar la apariencia de las cosas (utilizar sortilegios, elixires, palabras mágicas, prestidigitación); enseñar a hablar a cotorras y periquitos; resolver y proponer adivinanzas; escenificar representaciones teatrales; preparar perfumes, bebidas, ungüentos; cocinar platos vegetarianos; saber arreglar el cabello; practicar masajes y fricciones; confeccionar collares, turbantes, adornos para las orejas; disponer el vestuario; ser distinguida y elegante; conocer los buenos modales y la elegancia de los gestos; recitar poemas y componerlos; leer frases difíciles y saber contar historias; practicar el arte de la mímica, y saber imitar y hablar muchas lenguas extranjeras.

Esta lista también comprende otras ciencias que abarcan un campo de competencias extraordinariamente vasto: conocimiento de la estrategia militar, la alquimia, mineralogía, escultura, cría de animales domésticos, carpintería, numismática, medicina ayurvédica, gimnasia y arquitectura...

La lista de talentos y saberes que prescribe Vatsyayana concierne a las mujeres que no pasan demasiadas dificultades materiales, ya que, *a priori*, pueden consagrarse al estudio de las 64 artes. Cuando no sea posible estudiarlas todas, les aconseja practicar algunas de ellas por lo menos.

Los comentarios de Vatsyayana dejan entrever un aplastante dominio del varón: la mujer se ve relegada a desempeñar el papel de sirvienta y debe obedecer completamente a su marido.

Aunque a primera vista podría parecer que las cortesanas tendrían que estar más emancipadas, de hecho, no son más que unas «prostitutas de lujo», y ocupan un lugar en la alta sociedad porque son bellas y están bien instruidas.

Sin embargo, a pesar de estas consideraciones, debemos retener de todo ello una invitación a mejorar nuestro modo de conducirnos en el amor. Las siguientes exposiciones contienen numerosos consejos al respecto.

LA VIDA COTIDIANA DE UN HOMBRE DISTINGUIDO

Vatsyayana da una visión de lo que debe ser la casa del hombre distinguido y describe de un modo muy preciso el dormitorio ideal: debe estar bien perfumado y amueblado, con un lecho mullido y ligeramente inclinado hacia el medio y rematado por un baldaquín con flores dispuestas en ramilletes.

La cama estará vestida con ropa muy limpia, y dispondrá de almohadas. Una consola en la cabecera servirá para depositar en ella ungüentos para la noche, una cesta con bolitas de arroz, guirnaldas, frascos de perfume, esencias y cáscaras de limón.

A esa decoración, concebida idealmente para el amor, Vatsyayana añade un laúd, un tablero de dibujo y una escupidera (?), una mesa para jugar a los dados y guirnaldas de amarantos amarillos.

En el exterior, todo ha sido igualmente concebido para divertir al hombre y a la mujer: jaulas con numerosas aves, un lugar para trabajar la madera o ejercitar otras artes, una mecedora cómoda...

Vatsyayana enumera toda una serie de consejos «higiénicos» indispensables para el hombre distinguido. Una vez se ha levantado –temprano–, debe limpiarse los dientes, frotarse ligeramente con pociones perfumadas, ponerse colirio en los ojos, pintarse los labios de rojo y perfumarse la boca o mascar betel. También debe bañarse cada día, friccionarse con aceite cada dos días y lavarse cada tres con un producto espumante. Debe hacerse afeitar y friccionar el rostro cada cuatro días, y todo el cuerpo cada cinco o diez. Tiene que comer por la mañana, a mediodía y por la noche.

A continuación, Vatsyayana describe cómo debe transcurrir un día cualquiera de esa clase de hombres: los privilegiados que pueden tomarse todo el tiempo que desean para vivir bien...

Así, el hombre distinguido empezará la jornada enseñando a hablar a los periquitos y a las cotorras, para después pasar a ocuparse del adiestramiento de las codornices, gallos y carneros de pelea, antes de pasar un rato de diversión en compañía de camaradas alegres o de personas dedicadas a divertirle.

Después, hará la siesta. Cuando despierte, deberá vestirse con sus bordados trajes y finalizar las horas centrales del día en amistosa conversación con sus amigos preferidos. Después de haber cantado con ellos una parte de la tarde, volverá a su habitación y, junto con un compañero, esperará la llegada de aquella que pasará la noche con él.

De vez en cuando se ocupará de distracciones mundanas y participará en reuniones de sociedad. Estos actos significan una ocasión para encontrarse con cortesanas y mantener agradables conversaciones. En dichas reuniones se juega, y las mujeres de talento causan sensación. Los amigos, acompañados de las cortesanas, se visitan mutuamente y toman bebidas, tales como zumo de mango mezclado con vino o con miel.

Vatsyayana también menciona numerosos entretenimientos de la vida de sociedad. Todo parece estar dispuesto para gozar al máximo...

Son evidentes el lujo y el refinamiento de este estilo de vida; Vatsyayana describe el contexto social de las castas elevadas de la India, que pasan la existencia sin ninguna clase de apuros materiales. Sus días transcurren apaciblemente en un constante refinamiento de los sentidos y del espíritu.

Sin embargo, también cita a numerosas personas (sirvientes, compañeros de placer, intermediarios, bufones...) que, sin pertenecer a ninguna de las tres castas, pululan en torno a ese medio.

La minuciosa descripción que Vatsyayana hace del aposento del hombre distinguido nos invita a reflexionar sobre lo importante que es la atmósfera de los lugares tradicionalmente destinados al amor.

LA ATMÓSFERA DEL AMOR

Cuando se hace el amor, siempre se está influenciado por la atmósfera del lugar donde uno se encuentra; por lo tanto, es importante renovar periódicamente el ambiente para preservarse de la rutina sexual.

Si no se cuenta con lugares específicos para hacer el amor, el dormitorio sigue siendo el lugar adecuado donde la pareja puede encontrar la intimidad necesaria para su acercamiento sexual (un ambiente tranquilo, cálido y con una tenue iluminación).

La cama constituye el elemento fundamental para la actividad sexual de la pareja, aunque con frecuencia suceda que otros muebles de la casa se utilicen para otros esparcimientos más elaborados... Una cama dura, sólida y que no chirríe... es la más indicada para practicar una actividad sexual. También resulta muy importante vigilar que la parte superior del colchón esté a la altura del pubis del hombre cuando está de pie junto a la cama: los sexos de ambos deben estar a la misma altura cuando el hombre está levantado y la mujer acostada sobre el colchón. Tales precauciones facilitan y alientan la composición de numerosas posturas ventroventrales o ventrodorsales.

No se debe olvidar disponer de almohadas suficientemente duras, ya que muchas veces resultan útiles para componer cómodamente una determinada postura.

A muchas parejas les gustan los espejos por la atmósfera que confieren a sus juegos amorosos; utilizándolos, se cuenta con un elemento que proporciona una dimensión nueva y excitante al juego del amor.

Vatsyayana menciona que cerca de la cama debe haber una consola para depositar en ella perfumes, bolitas de arroz, ungüentos, esencias y cortezas de limón... Siempre es muy valioso tener al alcance de la mano todo lo necesario para la plena consumación del coito: preservativos, cremas lubrificantes, aceites para masajes, pequeños objetos y accesorios, fruta, bebidas... en fin, todo lo que puede contribuir a enriquecer la unión sexual prolongándola suavemente.

LOS REFINAMIENTOS ANTES Y DESPUÉS DE HACER EL AMOR

A continuación, Vatsyayana describe el desarrollo de los refinamientos anteriores y posteriores a la unión sexual.

Cuando el hombre distinguido recibe a la mujer que llega para unirse con él en la habitación que se ha preparado para el placer, y después de que aquélla se haya lavado y ataviado, lo primero que debe hacer es invitarla a tomar algún refrigerio. Ya sentados, el hombre le acariciará los cabellos y la enlazará voluptuosamente. Después, manteniéndose siempre uno junto al otro, pueden hablar de todo cuanto quieran, cantar, hacer mímica, tocar algún instrumento musical, conversar sobre las bellas artes... Beber, mascar hojas de betel (hojas secas de un pimentero trepador con propiedades estimulantes y astringentes) a fin de acrecentar su excitación.

Los preliminares de la unión se prolongan hasta que la mujer se siente invadida por el deseo. Después de una noche de placer, ambos se dirigen discretamente al baño y luego vuelven para sentarse juntos y mascar de nuevo algunas hojas de betel. El hombre, con sus propias manos, debe aplicar un ungüento de sándalo o de alguna otra esencia en el cuerpo de su amada. A continuación, la enlazará y le dirá alguna gentileza, le ofrecerá un vasito de bebida y un poco de arroz con leche; más tarde un vaso de agua, antes de elegir para ella alguna golosina. Si lo desean pueden tomar alguna sopa clara y caliente, un apetitoso jugo de carne, extractos de frutas, mango, limonada con azúcar cande, o comer trocitos de carne seca...

Las descripciones que hace Vatsyayana nos invitan a multiplicar los refinamientos del amor, antes y después de la unión sexual.

El buen hacer en el amor debe otorgar un lugar muy importante al ritual de una buena comida, ya que supone una ocasión para sincerarse, para conocerse mejor.

Hay muchos pequeños detalles que pueden preparar con suavidad a los amantes para la unión, los preliminares largos permiten que la excitación invada progresiva y masivamente los cuerpos y los espíritus. Los juegos sensuales en donde participan suavemente todos los sentidos preparan para experimentar orgasmos voluptuosos. Vatsyayana destaca en diversas ocasiones la importancia de las esencias y perfumes: los cuerpos de los amantes deben prepararse para el amor y oler bien.

Para hacer el amor, se hace necesario mantener una higiene elemental; no obstante, no se debe olvidar que tanto el hombre como la mujer se sienten naturalmente atraídos el uno hacia el otro por el olor específico de su cuerpo. Si a un miembro de la pareja le resultan demasiado fuertes o desagradables esos olores, mediante una preparación odorífera se pueden disimular fácilmente. El olfato está íntimamente ligado con las emociones sexuales y provoca el instinto de acercamiento sexual cuando los amantes exhalan olores estimulantes.

Un perfume muy suave se evapora en un cuerpo transportado por el amor y se mezcla agradablemente con los propios olores corporales.

El poder de las esencias sobre los sentidos es indiscutible. El perfume despierta los sentidos, y se vuelve perturbador y embriagador cuando se fusiona con la piel. No obstante, deben evitarse las disonancias olfativas entre ambos miembros de la pareja; sus perfumes respectivos no deben chocar cuando se mezclan. Desde siempre, la humanidad ha utilizado las flores por sus poderes estimulantes del placer: elaboración de perfumes, bálsamos, aceites e incienso.

Giovanni Giacomo Casanova conocía muy bien el poder de las flores, también él rociaba siempre con agua de rosas los cuerpos de sus mujeres antes de hacerles el amor...

Existen otros perfumes del amor: los olores genitales. Estos efluvios se animan bajo la influencia del deseo, y se convierten en auténticos anzuelos, debido a que poseen un efecto muy excitante sobre el sexo contrario, pero, cuando la higiene brilla por su ausencia, se produce un efecto inverso.

Se cuenta que, un día, Enrique IV despedía un olor tan fuerte de sus «partes» que una de sus numerosas queridas se desvaneció cuando el rey comenzaba a «ocuparse de ella».

Las crónicas de la historia nos dicen que Enrique IV encontró muy excitante esa situación, y rápidamente quiso jugar a mojar su «bizcocho» en la «taza».

Numerosas tradiciones populares consideran que las emanaciones y secreciones de los órganos genitales (secreciones vaginales, sangre menstrual y esperma) son auténticos afrodisíacos. Desde tiempos inmemoriales, los hombres utilizan las secreciones de las glándulas genitales de los animales para acrecentar su deseo amoroso.

El almizcle es el olor animal más apreciado por muchas civilizaciones.

El almizcle lo produce en grandes cantidades un pequeño cérvido (en peligro de extinción) que vive en las regiones del Himalaya. Este animal presenta una bolsa con almizcle situada entre los órganos sexuales y el ano, la cual se llena de dicho producto cuando está en época de celo.

También hay otros animales que producen almizcle, pero en cantidades menores (la rata almizclera, el buey o macho cabrío almizcleros). Igualmente, algunas plantas, como la angélica, exhalan un perfume de almizcle.

Hace ya algunos años, ciertos investigadores descubrieron que el almizcle actuaba como una feromona (secreciones glandulares parecidas a las hormonas, que provocan la atracción sexual), especialmente en las mujeres, ya que poseen un olor parecido al de la testosterona, hormona sexual masculina.

Vatsyayana enumera los numerosos refinamientos que siguen a una unión apasionada: el hombre unta con esencias el cuerpo de su bien amada, le ofrece bebidas y brebajes, golosinas variadas y preparaciones culinarias. Después, permanecen arrebujados uno junto al otro, contemplando las estrellas hasta el alba...

EL AMOR DESPUÉS DE HACER EL AMOR

Es muy seductor el cuadro idílico que nos pinta del amor después de hacer el amor. Pero ¿es posible conciliar las apasionadas noches de amor con las estresantes jornadas de trabajo? Además, sucede que la televisión nos «come» de forma abusiva las veladas... Una «sesión» amorosa constituye un muy agradable sustitutivo de dos horas de embrutecimiento televisivo. No obstante, es preferible dejar para los fines de semana las largas sesiones amorosas en las que los refinamientos pueden prolongarse durante todo el día.

El amor después de hacer el amor a menudo no es más que una ficción descrita en los manuales del buen comportamiento amoroso, por lo tanto, será de utilidad hacer algunas reflexiones sobre ello.

Después del orgasmo, los cuerpos necesitan una fase de completa inactividad, las zonas erógenas ahítas de placer rehúsan cualquier estimulación complementaria.

Una unión armoniosa y los orgasmos compartidos dejan tanto al hombre como a la mujer excepcionalmente distendidos, en una especie de segundo estado donde el tiempo parece detenerse.

El hombre recupera más pronto la consciencia de lo que le rodea porque la detumescencia de su órgano es bastante rápida: el pene vuelve a su estado de flaccidez en pocos segundos. En ese momento, el hombre experimenta de modo natural una sensación de letargo general.

La somnolencia poscoital tiene una explicación. Durante el período de excitación, una gran cantidad de sangre afluye a toda la región del bajo vientre; los músculos se contraen y se tensan. Finalizado el coito, la excitación desaparece, y los músculos, al relajarse, provocan un estado de somnolencia.

En la mujer, la fase de detumescencia es más lenta; los efectos del orgasmo desaparecen lentamente. El compañero debe esforzarse, a pesar de la somnolencia que le invade, en abrazarla y besarla cariñosamente. La «falta» del hombre deja a su compañera en un estado de frustración, y se sentirá olvidada si dicha situación se reproduce regularmente después de cada orgasmo.

El hombre que se desentiende de su pareja después de haber eyaculado es, evidentemente, un grosero. Se condena a sí mismo a mantener únicamente relaciones banales. ¡Y no se merece otra cosa!

La mujer puede ayudar a un buen amante a vencer esa negativa reacción fisiológica animándolo a mantenerse despierto. Generalmente, unas pocas palabras halagadoras bastarán...

Antes, después, o entre coitos sucesivos, los buenos amantes conocen una gama muy rica de refinamientos; los «ignorantes» deben inspirarse absolutamente en los consejos dictados por Vatsyayana. Los masajes con aceites perfumados constituyen un refinamiento indispensable para la comunión sexual: permiten relajarse, ayudan a experimentar las sensaciones en lo más profundo del ser y preparan el cuerpo para el coito. Sin refinamientos, el coito parece un intercambio «higiénico», en donde tanto la comunicación como la ternura brillan, desgraciadamente, por su ausencia.

CONSIDERACIONES SOBRE LA SEDUCCIÓN

En este punto, Vatsyayana propone diversas consideraciones sobre las mujeres que deben frecuentarse, según el rango o según las prohibiciones de la religión. Al estar basadas estas últimas en las reglas de la tradición escrita, no guardan una relación directa con nuestra civilización contemporánea, aunque, a pesar de ello, resultan muy interesantes ya que contienen un análisis psicológico muy atinado e incluso maquiavélico. En ciertos aspectos, están impregnadas de un cinismo muy actual.

LA SEDUCCIÓN «INTERESADA»

En función de intereses particulares, Vatsyayana proporciona una enumeración de escenarios para seducir a una mujer casada. A continuación, citaremos algunos de los más deliciosamente pérfidos.

Dichos escenarios se atribuyen a Gonikaputra:

1. Una mujer ejerce un gran poder sobre su marido, que a su vez experimenta una gran pasión hacia ella. El marido es un poderoso señor que resulta ser amigo íntimo de mi enemigo. Si gano los favores de esa dama, entonces ella podrá fácilmente lograr que su marido neutralice a mi enemigo.
2. O entonces ella estará en condiciones de cambiar a mi favor la opinión de su muy poderoso marido, que no me aprecia y es mi enemigo.
3. Si me convierto en el amigo de esa mujer, tendré muchas oportunidades de poder llevar a su marido a la perdición, y así podré apropiarme de su fortuna.
4. Si me arruino, la relación con esa mujer no puede hacerme correr ningún riesgo y puede representar que recupere mi fortuna sin demasiado esfuerzo.
5. Si me niego a mantener relaciones amorosas con una mujer, a pesar de que ella está prendada de mí y me conoce perfectamente, dicha dama puede crearme una mala reputación, susceptible de perjudicarme, y de este modo menguar mis medios de existencia [...].

Vatsyayana precisa al final de esa lista de situaciones que es lícito abordar a las mujeres de los demás por motivos particulares, pero no con fines que sólo apunten a satisfacer el deseo amoroso.

El interés se antepone cínicamente a la seducción.

Vatsyayana mide con el mismo rasero tanto el bien como el mal, y, aunque dictamine que es inmoral seducir a la mujer de otro, se niega a contemplar la naturaleza humana de un modo distinto a como es realmente, a como se ha manifestado a través de la historia de la especie humana. Sin embargo, de ello no se puede deducir que los Kamasutra atenten contra la moral; sino que más bien representan un determinado punto de vista y proponen adoptar determinados comportamientos; es decir, nos aconsejan tanto en lo bueno como en lo malo.

Desgraciadamente, la vida está llena de vileza.

En otros apartados, el autor explica las técnicas de la cortesana para sacarle con argucias el dinero a su amante antes de quitárselo de encima.

Antes de emprender cualquier estratagema, la cortesana debe estar segura de los sentimientos de su amante hacia ella. Tiene que estar atenta para localizar los eventuales síntomas de tibieza, ya que pueden denotar un debilitamiento de la pasión de aquél.

Para sacarle el dinero, utilizará diversas técnicas: puede pedir a su amante una suma de dinero para realizar diversas compras y hacerlas por una cantidad inferior, o no hacerlas. También puede simular que le han robado las joyas e irlo a ver para incitarlo a que le regale otras. Puede mentir otra vez al pretender que le han robado todos los enseres de su casa. Contraer deudas en nombre de su amante con el pretexto de que necesita dinero, o aliarse con un comerciante cómplice para hacer ver que vende una parte de sus bienes...

Cuando el amante se da cuenta de que es objeto de tales estratagemas, la cortesana debe reaccionar rápidamente. Reunir cuantos bienes posee y dárselos a guardar a una persona de confianza que debe hacerse pasar por un acreedor ficticio.

Cuando el amante no se da cuenta de nada, y ella haya adquirido suficientes bienes y desee dejarlo, debe librarse de él sin ningún escrúpulo...

Seducción, robo y chanchullos que sólo apuntan al enriquecimiento personal, a la ruina del amante y a la separación... Verdaderas estrategias de batalla que dan una dimensión guerrera a la seducción femenina. La seducción se nos muestra al desnudo, crudamente al desnudo...

CONSIDERACIONES ACERCA DE LAS AMANTES ADÚLTERAS

En este punto, Vatsyayana describe las estratagemas del seductor para obtener el amor de las mujeres de los demás (!). Analiza con mucha minuciosidad y malicia los riesgos que tales aventuras pueden entrañar.

Según él, la mujer de otro puede ser abordada cuando el hombre siente crecer en él un deseo tan irresistible que le puede acarrear graves perjuicios tanto para su salud física como para la mental.

Además, Vatsyayana nos propone una lista de los síntomas que caracterizan cada nivel de intensidad amorosa.

Al principio, el hombre experimenta placer por medio de la vista, pero luego el amor se apodera de él hasta obsesionarle mentalmente. Pronto no podrá ni dormir y dejará de sentir interés por las cosas. La locura le acecha irremediablemente... ¡Se acerca su muerte!

No obstante, Vatsyayana es consciente de que la seducción no resultará fácil, ya que la mujer de otro –aquella que él desea– tiene numerosos motivos para rechazar los avances del apasionado amante. El afecto que siente por su marido puede representar un grave problema, pero también se debe contar con el miedo a transgredir algún mandato religioso o incluso el de embarcarse en una aventura sin futuro. Puede que tema encontrarse con un amante de medidas «insignificantes» o «enormes», o resultar demasiado tímida o inexperta frente a un ser muy experimentado en las artes de la ciencia erótica.

El temor a que se descubra su infidelidad, y el miedo a que su marido mediante estratagemas la ponga a prueba pueden hacerle retroceder ante los avances masculinos. Así pues, Vatsyayana aconseja al hombre que presienta las razones que pondrán en peligro sus tentativas a fin de poder neutralizarlas.

A continuación, hace una enumeración de las cualidades que necesita un hombre para triunfar en su empresa y añade una lista de las mujeres que resultan más fáciles de conquistar.

El hombre tiene más posibilidades de éxito con las mujeres cuando posee unas cualidades superiores a las de sus maridos. Pero para ello debe ser un experto en la ciencia erótica y tener el poder de hacer gozar a todas las mujeres, porque está bien preparado. Debe ser elocuente y aficionado a componer bellas frases; tiene que tener prestancia y ser apuesto, ayudándose de la magia si es necesario; debe conocer la psicología femenina por el hecho de haber frecuentado la compañía de las jóvenes desde su más tierna infancia; su comportamiento siempre tiene que inspirar confianza, y, además, tiene que poseer la habilidad de saber ofrecer bonitos regalos.

Según Vatsyayana, las mujeres más fáciles de seducir son aquellas a las que les gusta mucho hacer el amor y se sienten maltratadas y abandonadas por sus maridos; las que les gusta salir y dejarse ver en sociedad; las que aman el placer y se consideran hábiles en las artes eróticas; aquellas cuyos maridos se ausentan a menudo y las que están mal casadas.

El autor cita también a las mujeres ávidas de dinero y a las que son indignas e inmorales; a las insensibles, insaciables o desleales, y a las feas, viejas o malolientes...

No duda en hablar de las relaciones adúlteras, pero aconseja respetar los límites que la decencia y la moral imponen a esta «caza».

¿Qué otra cosa se puede decir de la fidelidad además de que se rige por los principios morales de la persona? ¿Los hombres y las mujeres siempre son capaces de mantenerse fieles a su pareja durante toda su vida sexual? La respuesta es delicada; la infidelidad puede presentarse en cualquier momento, especialmente cuando entre la pareja empieza a haber desunión y los dos empiezan a enfocar su amor desde distinto ángulo.

Tal como lo describe Vatsyayana, el mismo deseo que «hace temer los prejuicios sobre la salud física y moral», cuando es tan irresistible, puede hacer «perder los estribos». Pero hay que estar atentos: existen «profesionales» y «expertos» en la destrucción de parejas.

Hay seductores y seductoras sin escrúpulos que están dispuestos a todo, y no sólo para hacerse un sitio en el lecho conyugal, sino también para disfrutar de una saneada cuenta bancaria.

Con frecuencia, para el hombre los «cuarenta» representan una época «ingrata», en la que intenta afirmar su «virilidad» junto a mujeres más jóvenes que la suya...

Comportamiento íntimamente personal, dictado por los principios morales de cada individuo en la sociedad en que vive, la infidelidad a menudo resulta trágica para los hijos de las parejas que «estallan». Éste es ciertamente el aspecto más importante que se debe meditar. También queremos añadir que, hoy más que ayer, el individuo que mantiene relaciones adúlteras debe conducirse de un modo responsable y protegerse en dichas relaciones ilegítimas. Muchos individuos, trágicamente equivocados por partida doble, se ven en nuestros días infectados por el virus del sida... porque su pareja infiel, de un modo inconsciente y criminal, ha llevado esa enfermedad al lecho conyugal.

ACERCA DEL BUEN INTERCESOR

A veces, para seducir son muy útiles los intermediarios. Para Vatsyayana, estas personas deben estar dotadas de las múltiples cualidades que configuran al buen intercesor y a la buena mediadora: unas buenas dosis de psicología, arte para descifrar el exacto significado de los gestos y palabras de los demás, y otras cualidades características de quien posee una viva inteligencia, como la destreza, la audacia, la eficacia, la lealtad, la mundología y la serenidad, agilidad para desvelar las astucias, habilidad para aprovechar las oportunidades, etcétera.

DE LA SEDUCCIÓN AMOROSA DEL HOMBRE

Vatsyayana proporciona numerosos consejos para conquistar a la mujer que se desea. Opina que siempre es preferible que uno intente arreglárselas solo y que únicamente se deben utilizar los servicios de una «celestina» cuando no exista otra solución. Hay que intentarlo todo a fin de entrar en contacto con la mujer que se desea.

El hombre, con ocasión de una reunión social, intentará captar la atención haciéndose notar mediante los gestos apropiados, susceptibles de despertar la curiosidad de la mujer. Hablará elocuentemente mostrando toda su magnificencia y su deseo de gozar de todos los placeres. En el curso de sus conversaciones con las otras mujeres presentes, apenas dejará traslucir el interés que le mueve. Tendrá éxito si actúa en doble sentido: debe parecer que sus palabras están dirigidas a una tercera persona, aunque, de hecho, apunten claramente a la mujer codiciada.

Cuando ésta empiece a mostrar interés, el caballero complicará sus maniobras, simulando estar más interesado por las otras personas presentes, a fin de que ella se sienta aún más atraída hacia él.

En fin, poco a poco, de un modo indirecto para no asustarla, irá instaurando las premisas del verdadero diálogo amoroso. Deberá organizar las cosas para encontrársela lo más posible en los días posteriores al primer encuentro.

Las citas permitirán conocerla mejor, y, cuando su actitud traicione sus sentimientos, el hombre comenzará a acercársele sexualmente. Cuanto más joven sea la mujer, más prudente y delicado deberá mostrarse.

Vatsyayana también enumera las actitudes que revelan que en la mujer hay un interés naciente:

El hombre está en condiciones de proseguir cuando la mujer deseada no puede disimular su turbación cuando él se dirige a ella, o cuando es ella quien crea las ocasiones para encontrarle. Si es así, ya está preparada para dejarse seducir...

Las maniobras de la seducción amorosa utilizan todos los medios para conquistar el corazón del otro; no obstante, algunas veces, apuntan –como bien sabemos– a otros objetivos poco confesables, como la búsqueda de la comodidad material, la riqueza...

Muchos son los factores que dan lugar a que un hombre o una mujer se enamoren de otra persona. La belleza física no es más que uno de estos factores «desencadenantes», puesto que es toda la personalidad del individuo la que participa en la seducción del otro: su amabilidad, su alegría de vivir, su sentido del humor, su encanto personal...

El acto de seducir a otra persona hace que intervengan numerosos parámetros que resulta imposible generalizar. No existen reglas, pero bien es verdad que siempre se necesita discreción y sutileza.

El intercambio de las primeras miradas permite verificar si el otro está interesado por nosotros: la emoción se puede leer en sus ojos y también en su lenguaje corporal. Los gestos y las actitudes del otro «traicionan» su naciente emoción.

La mirada permite la primera comunicación (arte de mover las pestañas y los ojos); a continuación, las sonrisas constituyen una invitación para comunicarse verbalmente. Se establece la comunicación, y la proximidad física permite poner en práctica las primeras maniobras de acercamiento.

Clasificación y análisis de las peleas entre enamorados

Vatsyayana analiza aquí la relación existente entre los actos y los auténticos sentimientos de los miembros de la pareja y propone un análisis de lo que subyace en las peleas de enamorados.

DIFERENTES TIPOS DE UNIÓN

Vatsyayana distingue ocho categorías de vínculos sexuales. Se puede hablar de «unión amorosa compartida» cuando los amantes que se quieren desde hace tiempo al final se encuentran, después de haber estado separados por una pelea, un viaje o por circunstancias desfavorables. Entonces hacen el amor según su grado de deseo.

Se habla de «futura unión amorosa» cuando dos personas se encuentran pero su pasión está todavía en fase de nacimiento. Se dice que una «unión es fruto de la costumbre» cuando, al principio, a ambos sólo les une un sentimiento de simpatía; el deseo mutuo y la atracción sexual nacen progresivamente en la rutina del trato. Al final, se verán unidos por un vínculo verdadero.

Se puede decir que existe una «una unión falsa» cuando durante la relación sexual los componentes de la pareja acrecientan su excitación, pensando cada uno por su lado en otros posibles compañeros. El goce que experimentan es fruto de una falsa pasión. Una «unión sustitutoria» se daría cuando sólo uno de los miembros practicara la «unión falsa».

Se dice que hay una «unión ambigua» cuando la única finalidad del vínculo sexual es satisfacer una pulsión sexual acuciante. Este tipo de vínculos «higiénicos» suele practicarse con frecuencia con prostitutas, aunque no siempre es así. Vatsyayana menciona que se llevan a cabo sin ningún miramiento y sin que en ellos medie ninguna clase de preliminares. Dice que estas relaciones son como «uniones de pajar», para significar que se desarrollan a escondidas y en lugares que excluyen cualquier refinamiento.

La última unión que describe es la de los amantes que están verdaderamente encadenados por la pasión, es decir, la «unión del flechazo».

Cuando ambos miembros de la pareja comparten el mismo sentimiento amoroso, la relación sexual adquiere una dimensión superior; la ternura, la complicidad y el afecto se conjugan para otorgar un placer que se renueva sin cesar.

LAS PELEAS ENTRE ENAMORADOS

Las peleas de los amantes están consideradas en los Kamasutra como una característica de las mejores parejas y se describen en términos realmente encantadores.

Según Vatsyayana, el mutuo afecto se expresa a través de los cambios de humor, es decir, tanto por las disputas como por el intercambio de miradas tiernas.

«Después de la unión amorosa, los amantes experimentan una atracción mutua que se manifiesta por medio de diversas actitudes. Algunos permanecen abrazados, otros se separan, otros parecen estar poseídos por la cólera, otros se miran dulcemente. Todas estas actitudes hacen que su amor aumente como también lo hicieron los preliminares. Los cambios de humor estimulan el deseo y hacen que aumente su mutua atracción.»

Si examinamos estas consideraciones podremos entender que a veces las peleas amorosas se producen para avivar el deseo en el seno de la pareja. Sin embargo, muchas veces revelan que existen problemas latentes que es necesario saber arreglar rápidamente.

Las parejas en las que reina el equilibrio y la armonía saben que la felicidad a dos es un trabajo de cada día, y que hay que poner en juego todas las fuerzas para triunfar en el empeño. Para ello, basta con procurarse los medios, disponiendo de momentos para dedicarse exclusivamente el uno al otro.

¿Por qué no probar una velada semanal a dúo, sin televisión, sin hijos, sin amigos...?

LIBRO 2
LA UNIÓN SEXUAL

En este punto estudiaremos las consideraciones
que Vatsyayana ha dedicado a la unión sexual,
ya que ellas han forjado la reputación de los Kama-sutra.
Las mujeres y los hombres están clasificados
en función de las medidas de sus sexos.
Estas clasificaciones determinan
las distintas clases de acoplamientos.

En cada una de las exposiciones de este Kama-sutra, el lector tiene que tener presente los riesgos que puede comportar el acto del amor si no se protege en sus relaciones sexuales.

Es indispensable el uso de preservativos en todas las prácticas sexuales en que existe el riesgo de contagio; como es lógico, a todos nos viene a la memoria el sida, pero también existen otras enfermedades de transmisión sexual. Hoy en día, el hecho de proteger el acto del amor debe ser como un reflejo vital para que la enfermedad deje de extenderse y para que de una vez por todas la muerte desaparezca de las relaciones sexuales. Como es lógico, si mediante un examen médico preventivo se sabe con certeza que ninguno de los miembros de la pareja es portador del virus del sida, se puede considerar que no se corre peligro en toda la gama de relaciones sexuales.

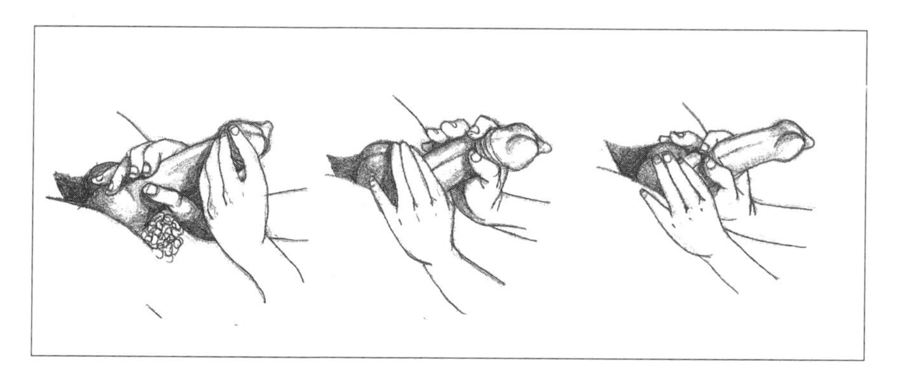

DIFERENTES CLASES DE ACOPLAMIENTOS

Vatsyayana propone una clasificación de los órganos sexuales según sus dimensiones, con el objeto de tener en cuenta ese dato en la formación de las parejas para lograr una óptima combinación.

El hombre y la mujer están definidos de un modo abstracto, empleando una terminología perteneciente al mundo del teatro, como el héroe (nayaka) y la heroína (nayika); juntos deben formar una pareja en la que cada uno de ellos procura que el otro sienta el placer lo más vivamente posible.

LAS MEDIDAS

El hombre es liebre, toro o caballo según sean las dimensiones de su pene (linga). La mujer es cierva, yegua o elefanta, según la profundidad de su vagina (yoni). A estas seis clasificaciones corresponden nueve categorías de uniones: tres apropiadas y seis poco apropiadas. Las conjugaciones de las análogas son las mejores, y las de las «extremas» las peores. Todas las demás conjugaciones se mantienen en el punto medio, pero hay que preferir las «violentas» a las «insípidas».

El goce será muy agudo cuando las dimensiones del miembro masculino son superiores a las de la vagina de la mujer. Entonces se puede decir que hay un acoplamiento excelente y muy violento.

Cuando las dimensiones sexuales de la mujer sobrepasan a las de su compañero, la unión es de menor calidad y el placer insignificante.

Las sabrosas reflexiones de Vatsyayana respecto a las dimensiones del sexo del hombre y de la mujer nos remiten a una categoría: pequeña, mediana o grande. Vatsyayana no concreta más, no nos proporciona ninguna referencia de medidas para que nos podamos situar; por tanto, creemos necesario añadir algunos comentarios adicionales.

El informe del biólogo y sociólogo norteamericano, Alfred Charles Kinsey, propone una clasificación de la población masculina norteamericana (las diferencias de talla entre las razas son globalmente poco importantes) en función del tamaño del pene. A continuación transcribimos el resultado de dicho informe:

- el 2% de los hombres poseen un pene de una longitud comprendida entre 10 y 12 cm;
- el 23% entre 12 y 15 cm;
- el 47% entre 15 y 20 cm;
- el 24% entre 18 y 20 cm;
- el 4,1% un pene de 20 cm o más.

Las dimensiones del pene varían de un individuo a otro, en longitud o en diámetro, pero hay que destacar que el tamaño que puede alcanzar no es proporcional a su longitud en estado de flaccidez.

Los estudios de Masters y Johnson han demostrado que, proporcionalmente, en el transcurso de la erección, un pene corto y fláccido aumenta de tamaño más que otro largo y con la misma flaccidez.

Vatsyayana propone unas descripciones físicas del hombre según sea «liebre» «caballo» o «toro». El hombre «liebre» es de orejas, talla, culo, manos y pies pequeños; asimismo posee una voz suave, un cuerpo ágil y una cara redonda y sonriente.

Las orejas, la cabeza y los labios del hombre «caballo» son alargados. Su cuerpo es delgado; la cabellera, espesa; los dedos, largos; la mirada, luminosa, y los muslos, gruesos.

El hombre «toro» tiene un cuello grueso y las palmas de las manos de color rojo. Anda armoniosamente, posee una mirada firme y un vientre graciosamente redondeado.

Vatsyayana también nos describe las particularidades propias de las tres categorías femeninas. El cuerpo de la mujer «cierva» es delgado, y su piel de tono dorado. Tiene el sexo frío como un rayo de luna y unas secreciones sexuales perfumadas. Come poco y es de un temperamento tranquilo.

La mujer «yegua» siempre tiene el sexo caliente, posee un vientre pequeño y segrega unos flujos sexuales que huelen a «carne». Tiene los miembros de tono claro y un poco blandos y regordetes. Posee un temperamento bastante dado a la cólera.

La mujer «elefanta» tiene un cuerpo robusto y es muy alta. Su flujo menstrual huele como el «sudor del elefante». De temperamento variable, tan pronto se muestra fría como cálida.

Además de estas descripciones, un tanto cómicas, hay que recordar que las diferencias del tamaño del pene guardan relación con la musculatura o con otras características físicas. También queremos añadir que la vagina es siempre muy elástica y extensible.

Sin embargo, parece ser que el hombre alto y delgado generalmente posee un pene que se caracteriza por su longitud, mientras que el hombre con un peso superior al normal muy a menudo tiene un pene más desarrollado en grosor que en longitud.

CRITERIOS SOBRE LA EFICACIA DEL PENE

Muy a menudo, el hombre se muestra excesivamente preocupado por la longitud de su pene, cuando es mucho más importante el diámetro de este último, ya que el orgasmo femenino no depende de la profundidad de la penetración. No obstante, también es verdad que muchas mujeres se sienten excitadas por el tamaño del órgano...

A priori, un pene de gran tamaño nunca es demasiado grande para la mujer, puesto que la vagina es capaz de dilatarse mucho. No obstante, puede suceder que el pene llegue a dañar un ovario, ya que una mujer de constitución pequeña debe controlar la profundidad de la penetración cuando está «a caballo» sobre un compañero dotado de un miembro muy desarrollado.

El hombre tiene que tener presente que el dolor que puede infligir con la punta de su pene es tan fuerte como el que siente él cuando le dan un golpe en los testículos.

La sexología tradicional china, a través de los textos del tao del *Arte de amar*, nos ilustra respecto a las dimensiones del pene (el tronco de jade) en los deliciosos diálogos entre el emperador Houang-ti y su institutriz Sou-un:

HOUANG-TI: ¿Por qué en la mayoría de los hombres los Instrumentos Preciosos difieren entre sí en grosor y forma?
SOU-UN: Así como los hombres nacen diferentes en cuanto a la cara, también son distintos en lo referente al pene. Grande o pequeño, largo o rechoncho, duro o blando, es algo que acompaña al hombre desde su nacimiento. A veces sucede que un hombre bajo posee un miembro de una longitud impresionante, mientras que otro muy alto lo tiene corto. Algunos penes son rectos; otros, torcidos, y aun hay otros que tienen un aspecto amenazador. Pero todas esas características distintas apenas importan cuando el pene está en comunión con la mujer.
HOUANG-TI: ¿Quieres decir con eso que el tamaño y la forma no influyen sobre el placer de la unión?
SOU-NU: Las diferencias de tamaño y de forma son lo primero que exteriormente se ve. La verdadera belleza y el placer de la comunión se manifiestan en el interior. Si a dicha comunión el hombre añade el amor y el respeto que siente hacia la mujer, y actúa con el corazón, ¿qué podría cambiar una ligera diferencia de tamaño y de forma? Muchas veces, un miembro largo y grueso, pero blando, vale menos que otro corto y raquítico, pero duro. Un miembro consistente y duro, introducido y retirado con rudeza, vale menos que otro débil y blando que se mueve dulce y delicadamente. Un instrumento exagerado –tanto en un sentido como en el otro– no vale nada.

Los preciosos consejos de la institutriz alentaron a Houang-ti a dejar de sentirse un fracasado por las dimensiones de su órgano, y le movieron a aplicarse en mejorar su habilidad para utilizarlo.

EL ARDOR DEL DESEO Y DEL PLACER

Vatsyayana prosigue su examen de las diferentes clases de acoplamientos tomando esta vez como criterio la intensidad del fuego amoroso. Si un hombre no siente un importante aumento de la intensidad del deseo en el momento de la cópula, su potencia viril será débil, responderá blandamente a la fogosidad amorosa de su compañera, no soportará que la mujer le arañe o le muerda y el esperma emitido será poco abundante; en ese caso, se podría decir que se trata de una persona poco apasionada o con un temperamento débil. Si se trata de alguien con un temperamento un poco más fogoso, estaremos frente a un hombre medianamente apasionado. Un hombre de un temperamento auténticamente apasionado es capaz de sentir arrebatos de fogosidad. Vatsyayana precisa que estas observaciones son válidas también para las mujeres.

LA DURACIÓN DEL PLACER

Vatsyayana incluye una enumeración de otras nueve combinaciones en el acoplamiento según pertenezcan el hombre y la mujer a una de las siguientes categorías: rápidos, moderados y los que prolongan el placer.

Sin embargo, el autor destaca el hecho de que el hombre y la mujer no poseen la misma clase de goce: la excitación masculina se puede ver defraudada y su satisfacción violentada, mientras que la mujer puede percibir un indefinible placer y sentir cómo se despiertan en ella una oleada de sensaciones agradables. En el coito, el hombre se siente satisfecho después de la eyaculación, pero las cosas no funcionan del mismo modo para la mujer.

Cuanto más capaz sea el hombre de hacer durar el acto, más placer podrá encontrar en él su compañera. Vatsyayana precisa que cuando las relaciones cotidianas son muy frecuentes, el ardor y la duración serán inversamente proporcionales en el hombre y la mujer.

Al principio, la excitación del hombre será grande, mientras que la mujer experimentará una fogosidad moderada y el orgasmo tardará en llegar. Pero cuanto más frecuentes sean los «asaltos», más se apaciguará y cansará el hombre y más ardiente se sentirá la mujer; entonces será cuando ella disfrute más vivamente hasta lograr su completa satisfacción. Así pues, el hombre deberá estar muy atento en cada ocasión y aplicar el método correcto en el momento oportuno.

ERECCIÓN Y EYACULACIÓN

La duración de la erección masculina es variable. Se mantiene en tanto el hombre recibe los estímulos eróticos y mientras puede controlar la crecida de la eyaculación.

Cuando hay penetración, el hombre frena momentáneamente su excitación, cesando por completo en su movimiento de vaivén o retirándose durante algunos instantes del «cofre de los tesoros» de su pareja. De este modo puede conseguir que se retrase la eyaculación, manteniendo al mismo tiempo una erección satisfactoria.

Cuando la verga pierde su rigidez durante la penetración, una fuerte presión en la base del pene (su punta permanece introducida en la vulva) hace que nuevamente se ponga en funcionamiento la erección, ya que se origina una dilatación del tejido esponjoso.

La mujer puede solucionar la falta de rigidez de la verga si introduce uno o dos dedos en el ano del hombre (los dedos que se introducen en el ano no deben meterse dentro de la vagina si antes no se han lavado). Igualmente, puede adelantar la completa flaccidez del pene, interrumpiendo la penetración para practicar una felación.

Se dice que una eyaculación es precoz cuando se produce antes de la total eclosión del orgasmo vaginal; cuando esta clase de eyaculaciones se convierten en algo permanente pueden significar una catástrofe en la relación de la pareja. Existen métodos de tratamiento muy eficaces para luchar contra este problema.

Masters y Johnson proponen la técnica del *squeezing*, o compresión del glande. En dicha técnica, ambos miembros de la pareja participan a través de la ternura en una reeducación progresiva.

Al principio, la penetración está prohibida, ya que, como el hombre aún está en un estado demasiado «emotivo», se debe procurar que no se deje llevar por el bienestar que le produce la estrechez y la cálida humedad de la vagina. Después de que éste haya acariciado tiernamente con sus dedos y sus labios el clítoris de su compañera, debe tumbarse boca arriba. La mujer se arrodillará entre sus piernas dobladas y alternará a intervalos regulares, durante una media hora, masturbaciones y presión sobre los pliegues prepuciales (sólo durante unos segundos), en cuanto comience a adivinarse la eyaculación.

Una vez el hombre haya aprendido a controlar mejor su eyaculación, se podrá practicar la penetración estática, pero siempre en una posición en la que la mujer cabalgue sobre él (está desaconsejada la llamada postura «clásica» o «conyugal» cuando el hombre controla mal la erección). Éste se retirará en cuanto note que se asoma la eyaculación, y su compañera volverá a intentar que se retrase el proceso ejerciendo una presión sobre los pliegues prepuciales. Si la verga se vuelve fláccida, mediante sus caricias deberá conseguir que recupere su turgencia a fin de poder disfrutar de una nueva penetración estática.

La escena se puede prolongar durante tanto tiempo como el hombre siga dominándose; cuando éste ya no pueda seguir conteniendo el semen, intentará eyacular en sus manos. Progresivamente, la pareja introducirá nuevas posturas y empezará a encadenar algunos movimientos de vaivén.

El hombre solamente debe eyacular cuando estalle el orgasmo vaginal. Cuando llegue a controlar la eyaculación, ya no seguirá dejando a su compañera insatisfecha y adquirirá confianza en sí mismo a través de contactos más frecuentes y duraderos.

A MENOS EYACULACIONES, MÁS ORGASMOS

La mujer no puede satisfacer sexualmente sus necesidades si la relación sexual es demasiado corta debido a una eyaculación precoz de su pareja.

El hombre debe intentar controlar la emisión del semen y esforzarse por eyacular, como máximo, una vez de cada tres coitos. Esta frecuencia indicativa permite contactos sexuales más frecuentes y propicia repetidos orgasmos en la mujer. Sin embargo, ciertos individuos son capaces de experimentar orgasmos sin eyaculación sólo con la contracción de los músculos genitales.

No obstante, a la mayoría de mujeres les gusta sentir cómo el hombre eyacula dentro de ellas cuando se ven invadidas por el orgasmo. Mediante una concatenación de posturas, el hombre tiene que mantener un ritmo que le permita controlar en todo momento su excitación...

DIFERENTES CATEGORÍAS DE ABRAZOS

LOS ABRAZOS PRELIMINARES

Antes que nada, Vatsyayana establece una clasificación de abrazos preliminares, destinados a que la verga despierte al deseo. Menciona dos modalidades de abrazos previos que sólo tendrán lugar entre quienes ya se conocen un poco y están excitados a causa del deseo:

- «Primer contacto». Cuando un hombre busca, con un pretexto cualquiera, el contacto físico de una mujer y acerca su cuerpo al de ella, de frente o de lado. Ambos cuerpos se unen por las zonas apropiadas pero aún no se produce la penetración.

- «Presión suave». Cuando el hombre coloca sus manos sobre los senos de la mujer, se los acaricia para que ella sienta placer y después desliza su miembro entre ellos.

A continuación describe otras dos clases de abrazos preliminares entre amantes que aún no se han tocado, aunque ambos han entendido bien sus recíprocas intenciones y no se han asustado por ello:

- El «escarceo». Cuando una pareja se pasea lentamente en la oscuridad, en un sitio público o en un lugar solitario, y experimentan el placer de poner sus cuerpos en contacto uno contra el otro. Se enseñan mutuamente las partes desnudas de sus cuerpos mientras pasean lentamente al abrigo de las miradas de los demás.
- «Abrazos muy estrechos». Mientras frotan sus cuerpos uno contra otro, uno de los miembros de la pareja aprieta con todo el peso de su cuerpo el del otro contra una columna o contra la pared.

LOS ABRAZOS DE LA UNIÓN SEXUAL

Vatsyayana describe en este punto cuatro abrazos de la unión sexual, descritos por Babhravya. Los dos primeros, «el abrazo de la liana» y «la subida al árbol» se practican de pie. Los otros dos: «la alianza de los granos de sésamo y de arroz» y «la mezcla de la leche con el agua», en lo más ardiente del deseo.

Se puede hablar del «abrazo de la liana» cuando la mujer enlaza al hombre enrollándose en él, como una liana alrededor de un árbol. A continuación le besa mientras le mira amorosamente.

Se produce «la subida al árbol» cuando la mujer trepa por el hombre para recibir un beso. Coloca un pie sobre los de su amante y el otro sobre sus muslos. Uno de sus brazos se agarra a la espalda masculina y el otro se sujeta en su hombro y cuello. Entonces se deja suspender y emite un leve suspiro.

«La alianza de los granos de sésamo y arroz» se produce cuando los amantes están acostados en la cama, y se frotan y estrechan con tanta excitación que sus brazos y muslos están entrelazados.

Por último, se puede hablar de «mezcla de la leche y el agua» cuando los amantes, cegados por la pasión, parecen estar soldados entre sí (sentados o acostados de frente), como si cada uno de ellos quisiera penetrar en el cuerpo del otro.

Vatsyayana menciona otros cuatro abrazos, descritos por Suvarnanabha. Se da un «abrazo de los muslos» cuando uno de los amantes estrecha con fuerza un muslo (o ambos) de su pareja contra uno (o ambos) de los suyos. Hay «abrazo de Jaghana» cuando el hombre aprieta su bajo vientre contra el de la mujer y la monta para arañarla, morderla, lastimarla o darle un beso, con tanta fuerza que el cabello se le suelta. Se puede decir que hay «abrazo de los senos» cuando el hombre aprieta su pecho contra los senos de la mujer, como si quisiera penetrar en ella. Se produce un «abrazo del rostro» cuando los dos amantes juntan su boca, ojos y frente.

Durante estos preliminares, el hombre debe prestar atención al estado de ánimo de la mujer a fin de practicar en el momento adecuado los abrazos y demás refinamientos previos a la cópula. Su incomprensión del estado emotivo de la mujer puede provocar en ella insatisfacción y ser causa de que fracasen las efusiones amorosas.

LA EXTRAORDINARIA SENSIBILIDAD DE LA PIEL

Antes de pasar a enumerar los refinamientos que se practican en el cuerpo (besos, arañazos, rasguños y mordiscos), añadiremos algunos comentarios sobre el más extenso de nuestros órganos y sentidos: la piel.

Por término medio, la piel de una persona adulta está provista de casi un millón y medio de receptores sensitivos. Toda la superficie del cuerpo contiene receptores táctiles y térmicos que reaccionan ante las estimulaciones, que serán más o menos rítmicas y suaves según la zona que se acaricie.

Cuando la piel es estimulada mediante contactos agradables, los «centros del hedonismo» del cerebro, con la ayuda de los neurotransmisores, liberan sustancias, como las endorfinas, que provocan una sensación de placer. La estimulación cutánea reajusta la energía vital y alivia la fatiga corporal.

Las caricias tienen un extraordinario poder ansiolítico: calman la angustia, aportan buen humor y preparan la unión de los cuerpos.

La piel de las manos posee una sensibilidad particularmente rica, las yemas de los dedos están plagadas de captadores y cuando la mano se pasea por el cuerpo se establece una especie de «diálogo» entre las distintas pieles.

Los besos

Vatsyayana se opone a quienes pretenden que pueden arañar, besar, causar rasguños con las uñas y morder cuando quieren y en cualquier momento. Estas prácticas deben preceder a la unión sexual, y estar íntimamente asociadas con las de los golpes y los chillidos en el amor.

Vatsyayana considera que el deseo no se ocupa de todas estas consideraciones y que todo es bueno cuando se hace en el momento adecuado. Aconseja que se practiquen los besos y otros aditamentos con moderación, durante el primer encuentro del día.

En los siguientes contactos, dicho autor opina que las cinco prácticas (besos, arañazos, mordiscos, golpes y rasguños) pueden utilizarse sucesivamente y prolongarse durante todo el tiempo en que sirvan para avivar el deseo.

CLASIFICACIÓN DE LOS BESOS

Vatsyayana propone una clasificación de los besos según los órganos que ponen en juego.

Primero describe tres clases de besos propios de las mujeres jóvenes: el «beso inaugural», el «tembloroso» y el «minucioso». El beso inaugural se produce cuando la joven, sin aproximar el resto de su cuerpo, posa sencillamente su boca sobre la de su amante. Un beso es tembloroso cuando la chica pierde un poco de su contención y hace palpitar su labio inferior para penetrar más intensamente en la boca de su amante. Un beso se hace minucioso cuando la muchacha, mientras cierra los ojos, roza el labio de su pareja con la punta de la lengua.

También describe otros besos de enamorados. Por ejemplo, se trata de un «beso profundo» cuando el hombre coge entre sus dedos el labio inferior de la mujer y coloca, con fuerza y sin tocar los dientes, su boca en el espacio que queda entre los labios.

Cuando la mujer besa el labio inferior del hombre y éste le sujeta el labio de arriba, se trata del «beso del labio superior». Es un «beso envuelto» cuando uno de los dos rodea con el círculo formado por sus labios los labios del otro.

El denominado beso «caja» se produce cuando uno de los dos agarra con los dientes y chupa ambos labios del compañero...

Vatsyayana remarca el hecho de que una mujer no puede dar esa clase de beso a un hombre que lleve bigote.

Si durante un «beso envuelto», o cuando la boca de uno de los dos está cerrada por la «caja», la lengua del otro toca los dientes, el paladar o la propia lengua del compañero, se puede decir que se produce un «asalto de la lengua». Dicho asalto puede completarse mediante una presión de los dientes contra la boca del amante.

Así se lleva a cabo la guerra de las bocas, el asalto de la lengua y la batalla de los dientes...

EL JUEGO DE LOS BESOS

Vatsyayana hace ahora una descripción del juego de los besos, cuya misión es la de hacer crecer la pasión en la muchacha y el joven cuando éstos todavía no están demasiado enardecidos. El «ganador» será aquel que, por sorpresa, logre apoderarse de los labios del otro. Si pierde la mujer, deberá hacer ver que llora, suspira, muerde, amenaza y que rechaza a su amante, agitando las manos; después, se dará la vuelta, elevará la voz y pedirá la revancha.

Cuando vuelva a perder, proseguirá con sus dulces lamentos con más ardor todavía y esperará a que su amante se confíe y se distraiga para así cogerle el labio de abajo con los dientes, a fin de no dejarlo escapar. A continuación, la mujer se echará a reír, gritará dando saltos, bailará ante su amante diciendo no importa qué cosas, mientras frunce las cejas y pone los ojos en blanco.

Vatsyayana añade que los temperamentos impetuosos suelen acompañar estas prácticas con rasguños infligidos con las uñas, golpes muy sonoros y mordiscos.

DIVERSOS SIGNIFICADOS DE LOS BESOS

El «beso que aviva el amor» es el que da una mujer a su amante cuando éste está dormido, es decir, cuando desea que se dé cuenta de su deseo. Ella lo despierta con un beso y él comprende al punto sus intenciones.

Se puede hablar de «beso que distrae» cuando la mujer intenta llamar la atención de su amante dándole un beso en el preciso momento en que éste se interesa por cualquier otra cosa o empieza a enfadarse con ella.

El hombre practica el «beso que despierta» cuando, al volver tarde de noche, encuentra a la mujer dormida en la cama, y le da un beso para darle a entender sus intenciones. Vatsyayana precisa que entonces, cuando llega su amante, la mujer puede simular que está dormida a fin de conocer mejor sus sentimientos y poner su amor a prueba.

Cuando el enamorado deposita un beso sobre el reflejo de la imagen del ser amado –sobre un espejo, una pared, o en el agua– a fin de mostrarle sus sentimientos, se trata de un «beso con intención».

El «beso transferido» es el que se da, en presencia del ser amado, a un niño que se tiene en brazos, a un cuadro o un retrato cualesquiera. El de «petición» es el que da un hombre a la mujer que desea, en un dedo de la mano o del pie (si ella está sentada), con motivo de un espectáculo o de una reunión.

Para Vatsyayana, se deben besar los labios, la frente, las mejillas, la garganta, el pecho de los jóvenes, los senos de las muchachas, el rabillo del ojo, el labio inferior y el interior de la boca, así como las demás partes del cuerpo una vez se ha encendido la pasión. Debe besarse con moderación y ternura, o con fuerza y deleite según qué parte del cuerpo se escoja para ello.

EL BESO, FIEL INTÉRPRETE DEL DESEO

Los labios de los amantes se unen, se pasean por el cuerpo del otro, vagabundean guiados por el deseo o se ponen en contacto entre sí haciendo que el abrazo se impregne de una emoción especial. Las lenguas bailan y buscan poseer la boca del otro; las mucosas se frotan, las salivas se mezclan.

La penetración de la lengua en la boca evoca el acto del coito: la lengua entra dentro de la cavidad bucal, como el pene dentro del sexo de la mujer. Tanto la vulva como la boca están dotadas de mucosas cálidas y húmedas, y están abiertas al exterior... además, con frecuencia la boca está teñida de color rojo.

Un beso es algo más que el mero contacto de dos bocas; en él, todo el cuerpo se ve implicado en sus menores repliegues: los senos, los hombros, el ombligo, los genitales, las axilas, las palmas y los dedos de las manos y los pies, las plantas de los pies, el interior de los muslos, la nuca, los pabellones de las orejas, etc.

Los labios, la lengua y las pestañas acarician punto por punto e íntegramente el cuerpo del otro. La mujer también puede besar con la ayuda de los grandes labios de su abierta vulva todas las partes del cuerpo del hombre a las que pueda acceder; este último hará lo mismo mediante la ayuda de su pene.

ARAÑAZOS, MORDISCOS Y GOLPES

Según Vatsyayana, los arañazos con las uñas se practican con una cierta violencia en plena excitación causada por el deseo con el fin de hacerse notar. Los amantes los suelen llevar a cabo en un primer encuentro, cuando deben partir de viaje, en los reencuentros o incluso con motivo de una reconciliación amorosa.

Para estas prácticas, Vatsyayana recomienda utilizar unas zonas del cuerpo consideradas por la ciencia erótica como centros de estimulación y excitación sensual. Este autor considera que las huellas dejadas por los besos en las orejas, y por los arañazos y mordiscos en las mejillas constituyen unos adornos corporales.

TIPOLOGÍA DE LOS ARAÑAZOS Y RASGUÑOS

Las marcas dejadas por las uñas se presentan bajo ocho aspectos principales:

- La «simple presión» se practica con las uñas sobre la barbilla o los senos, no deja ninguna marca, sólo produce escalofríos.
- La «media luna» es un rasguño curvado, impreso sobre el cuello, los senos o la espalda.
- El «círculo» son dos marcas en media luna impresas una enfrente de otra, se practica en el bajo vientre, las nalgas o la entrepierna.
- La «línea» es un arañazo corto, sin localización precisa.
- La «garra del tigre» es un trazo curvado que se inscribe en la parte superior de los senos o la cara.
- La «pata del pavo real» es una huella curvada que se lleva a cabo sobre el torso con cinco uñas.
- La «huella del salto de la liebre» son unas marcas dibujadas alrededor de un seno mediante cinco uñas.
- La «hoja de loto» es una huella en forma de hoja de loto dejada sobre los senos, la espalda o las caderas.

Cuando tienen que partir de viaje, los amantes se practicarán tres o cuatro señales contiguas en los muslos o en el pecho para guardar en su cuerpo las huellas de su amor y mantener viva la pasión.

Vatsyayana precisa que no se deben dejar marcas en las mujeres de los demás... ¡Sólo pueden hacérseles algunas marcas discretas en las zonas que quedan ocultas! El hecho de arañar o morder ciertos objetos que pertenecen a la mujer deseada constituye, según Vatsyayana, una disimulada invitación al amor.

Los arañazos tienen múltiples utilidades: las marcas de la uñas constituyen, al mismo tiempo, la memoria y un reforzante de la relación amorosa, ya que despiertan la pasión en la mujer cuando mira en las partes ocultas de su cuerpo las antiguas heridas producidas por las uñas de su amante. Las marcas de uñas sobre los senos de las mujeres provocan que sean estimadas y deseadas por quienes las frecuentan; las mismas huellas en un hombre son causa de turbación de espíritu en las mujeres jóvenes...

LOS MORDISCOS

Para Vatsyayana, todas las partes del cuerpo que se pueden besar pueden también ser mordidas, a excepción del labio superior, la lengua y los ojos.

El autor menciona diferentes clases de mordiscos. Cuando sólo aparece una leve rojez en la parte mordida, lo denomina el «mordisco oculto». Cuando los dientes oprimen suavemente el labio inferior, dejando unas marcas poco duraderas, dice que se trata del «mordisco discreto».

Habla de un «punto» cuando se pellizca la piel entre dos dientes y de una «guirnalda de puntos» cuando intervienen todos los dientes. La guirnalda se puede practicar sobre la frente, el cuello, los costados, los muslos o cerca del sexo. Unas pequeñas e irregulares marcas de los dientes formando un círculo bajo los senos constituyen la mordedura de «la nube dispersa», la cual se lleva a cabo en un estado de máxima excitación.

Vatsyayana describe también dos prácticas que considera crueles y reservadas a los temperamentos violentos: la «nube quebrada», donde uno de los amantes llega a morder los senos o la espalda del otro, y el «mordisco del jabalí», que constituye una acumulación de mordiscos en largas filas que llegan a producir auténticas equimosis.

A la mujer herida por un mordisco infligido por su amante, Vatsyayana le aconseja que no se deje amilanar: a un «punto» debe responder con una «guirnalda de puntos»; a una «guirnalda de puntos», con la «nube quebrada», etc.

Hacer el amor es un combate. La relación sexual lleva consigo peleas y disputas que, según Vatsyayana, hacen que se origine un estado de ánimo necesario y específico para el amor. Los golpes se tienen que dar en el cuerpo, en lugares muy concretos (en el pecho, la cabeza, las mejillas, los senos), con el dorso de la mano, con los dedos extendidos, y con el puño y la palma. Estos golpes entrañan un cierto dolor y provocan sonidos ahogados.

También se llevan a cabo para facilitar la penetración de la verga en el momento de la cópula. Vatsyayana denuncia las prácticas demasiado violentas y crueles, mencionando para ello algunos trágicos ejemplos:

- Durante unos enfebrecidos transportes amorosos, el hijo del rey del país de Chola mató a una cortesana hiriéndola gravemente con «el clavo» (golpe que se da en el pecho de arriba abajo con el pulgar articulado con el dedo corazón y el meñique).
- El rey de Kuntala mató a su primera esposa, Malayavati, asestándole el golpe «del cuchillo» (golpe que se da en la parte superior de la cabeza con una o ambas manos, con los dedos extendidos o doblados).

Vatsyayana concibe la relación sexual como un combate donde el erotismo nace en la pelea y en donde se integran comportamientos a veces perversos.

Sin embargo, precisa que los golpes no son apropiados para todo el mundo y no pueden practicarse sin miramientos.

VIOLENCIAS DULCES E «INSTINTIVAS»

Los mordisqueos en la piel y en los órganos genitales (pene, labios mayores y clítoris) constituyen un excitante sexual siempre muy apreciado. Los arañazos y los mordiscos, generalmente menos practicados, tienen, no obstante, un reflejo erótico cuando no se llevan a cabo demasiado violentamente y profundizando mucho en la piel.

Las prácticas violentas y dolorosas sólo deben realizarse con el mutuo consentimiento de los miembros de la pareja. Éstos deben evitar absolutamente morderse en los instantes inmediatamente anteriores al orgasmo: las mandíbulas pueden quedar bloqueadas en un espasmo y provocar un dolor agudo y completamente «descorazonador» en su compañero. Estas prácticas pueden parecer violentas, pero, cuando se llevan a cabo con moderación, no sólo no impiden que en el coito haya ternura, sino que, sencillamente, hacen que éste sea más ardiente y frenético.

CARICIAS MANUALES DE LOS ÓRGANOS GENITALES

Al hombre y a la mujer les gustan que les acaricien levemente, por ejemplo, con plumas que se deslizan por todo su cuerpo. Después, las caricias se van haciendo más precisas y se ejercen en zonas más erógenas, para acabar rozando la zona de la pelvis antes de llegar a las partes secretas.

Cuando aún no se ha producido el humedecimiento de la vagina, unas pocas gotas de aceite para bebés en los dedos proporcionan una mayor delicadeza a las primeras caricias íntimas. A continuación, unos dedos expertos comenzarán delicadamente a explorar la vulva (cuando es necesario, la mujer guía los dedos de su pareja por los «caminos del éxtasis»), y los pelos del pubis se retiran suavemente para descubrir los labios del sexo, el cual empieza a secretar sus «líquidos».

Los dedos dibujan círculos sobre los labios mayores y menores, se deslizan alrededor de la región anal, se aproximan con mucha delicadeza al clítoris y se aprestan a tocarlo por medio de múltiples caricias rítmicas (siempre deberán ser muy suaves ya que este brote orgásmico es muy sensible). La excitación pronto se vuelve muy violenta, y el clítoris y los labios vaginales se hinchan llenándose de sangre.

La mujer puede ser llevada al orgasmo mediante la mera estimulación del clítoris, pero su compañero puede también buscar la estimulación del punto «G» (punto de expansión muy importante en el orgasmo femenino).

Se puede llegar a ese punto acariciando la zona situada detrás del hueso pubiano, en la parte anterior y media de la vagina. Es fácil localizar esta zona debido a que se inflama por medio de la estimulación de uno o varios dedos y se vuelve más firme que los tejidos que la rodean. En ese instante, la mujer puede «aspirar» los dedos en el interior de su sexo mediante la contracción de los músculos vaginales.

Cuando una mujer excita el sexo de un hombre, utiliza un lubrificante, como la saliva, para realizar fácilmente unos ligeros masajes en toda la zona genital. De abajo arriba y a lo largo del pene, alterna presiones y caricias suaves y lentas. Pronto el sexo estará totalmente erguido. A continuación, intenta controlar la erección, a fin de que no sea ni excesiva ni insuficiente, para evitar que su compañero tenga una eyaculación precoz.

Sus caricias no se limitarán al pene, sino que se extenderán al pubis, al escroto y a la región anal. Debe vigilar las manifestaciones de placer de su pareja y comprimir durante algunos instantes el perineo (zona entre el ano y los testículos). Deja que aumente su deseo varias veces hasta el umbral del goce pleno, disminuye la intensidad de sus caricias, y luego vuelve a empezar hasta llegar al umbral del que no se puede regresar si no desea que la penetren en ese momento.

El hombre puede controlar la eyaculación inspirando profundamente, intentando movilizar la energía del placer hacia el corazón, y también deteniendo durante algunos segundos la respiración para dejar que todo su cuerpo se relaje, pero sin dejar simultáneamente de presionar la base de su verga.

Hacer el amor acariciándose mutuamente, durante el tiempo más largo posible, es algo muy agradable. Constituye una fiesta para los sentidos que parece que nunca dejará de destilar placer.

LAS CARICIAS BUCOGENITALES

La sexualidad bucogenital constituye una fuente inmensa de placer para ambos miembros de la pareja. A continuación describiremos el homenaje bucal por parte del hombre al sexo femenino y la felación.

EL CUNNILINCTUS O CUNNILINGUS

El homenaje bucal del hombre al sexo de la mujer proporciona a ésta numerosos orgasmos sucesivos. Se puede practicar en cualquier posición, aunque la más común sea aquella en la que la mujer está acostada sobre la espalda. En esta postura, su compañero coloca la cabeza entre sus piernas abiertas, comienza lamiéndole el bajo vientre y el interior de los muslos, y luego desciende poco a poco hacia la vulva, la cual, encendida de amor, despide sus característicos olores, es decir, una suave mezcla muy estimulante de sudor y secreciones vaginales.

El olor de la excitación sexual y el sabor ácido de las secreciones vaginales contribuyen a acrecentar el deseo.

El cunnilingus permite lamer, «rastrear» con la boca y la lengua toda la región vaginal. El hombre puede empezar a descubrir la vulva ayudándose con los dedos, pero siendo en todo momento lo más delicado posible. A continuación acariciará con la boca y la lengua –más suaves que los dedos– los labios mayores y menores. Debe utilizar la boca para aspirar el sexo de la mujer, y mordisquear y succionar con dulzura el clítoris (nunca se debe soplar dentro de la vagina).

La mujer llega al orgasmo cuando se le estimulan directamente sus zonas más erógenas. Primero, la lengua explora todos los pliegues de los labios mayores y menores, y después la entrada de la vagina hasta llegar a penetrarla. El clítoris se estimula al momento, y la lengua lo hace vibrar delicadamente hasta el orgasmo.

Al estar formado por un delicado y eréctil tejido, no se debe someter al clítoris a un contacto brutal, puesto que algunas veces es difícil de detectar por parte de una persona inexperta, sobre todo cuando los tejidos que lo forman aún no están lo suficientemente turgentes y permanece disimulado sobre la envoltura de carne que lo protege.

En cualquier caso, hay que ejercer un suave frotamiento para que se vuelva fácilmente detectable.

El cunnilingus debe ir acompañado de caricias en todas las partes del cuerpo accesibles en la posición que se ha elegido previamente, ya que, durante esta caricia, una gran zona del cuerpo deja de mantener un contacto piel a piel.

Por regla general, es muy apreciado este homenaje bucal al sexo femenino, y está particularmente indicado cuando el hombre ha perdido su capacidad de erección y no alcanza a satisfacer a su compañera. Su boca logra darle lo que el sexo no ha podido conseguir.

LA FELACIÓN

Hay felación cuando la mujer toma con su boca el sexo de su pareja. Se trata de una caricia muy apreciada que algunas veces sigue al cunnilingus o se practica para devolver el tono sexual. La felación es una caricia que causa una intensa excitación en el hombre, excitación que puede durar mucho tiempo si la mujer alterna caricias vivas y otras más delicadas.

El hombre permanece en estado de pasividad durante toda la caricia (también puede tocar las partes femeninas que le son accesibles), y su placer aumenta más rápidamente que durante el coito. Cuando se

estimulan, los nervios que generan los orgasmos (en el glande del pene) constituyen un factor esencial del disfrute masculino.

Cuanto más se prolonga la estimulación, más intensas se tornan las sensaciones. Hasta llegar a un punto sin retorno..., es decir, hasta que los músculos involuntarios (no controlables) empiezan a relajarse y se contraen rítmicamente.

Otras caricias manuales pueden preceder a la felación propiamente dicha; no obstante, la mujer puede introducirse el pene en la boca aun estando éste en estado de flaccidez o semierecto. No existe ninguna postura especial para ello.

Si se desea experimentar esta caricia en una postura relajada, es aconsejable estar tumbado boca arriba.

La mujer empezará acariciando y lamiendo el abdomen de su compañero, y, a continuación, dejará que su boca se pasee por sus muslos antes de llegar al pene y al escroto. Su lengua empezará a lamer la punta del pene, se deslizará en la abertura del meato, y dará unos golpecitos sobre el frenillo (el pequeño trozo de piel que está en la base del glande; se trata de una zona muy sensible), y después se enrollará en la verga, la cual entrará y saldrá de su boca...

La felación no sólo es una considerable fuente de placer para el hombre sino también para la mujer a quien le gusta practicarla. La mujer en todo momento deberá estar atenta a cubrirse los dientes con los labios para no convertir las succiones en algo doloroso.

Vatsyayana describe una sucesión de «placeres» para llevar al hombre hasta el súmmum del «disfrute:

1. Primero, ayudándose con la mano, la mujer se coloca la verga entre los labios abiertos y la roza ligeramente con la boca.
2. A continuación, presiona con los labios los bordes del glande, y lo mordisquea ligeramente con los dientes.
3. Cubre la punta del sexo con los labios y lo besa mientras inspira.
4. Manteniendo la verga apretada con los labios, se la introduce más profundamente en la boca. A continuación comienza a practicar un suave movimiento de vaivén.
5. Después, lame la verga en toda su extensión, insistiendo ardientemente en la zona del glande.
6. De nuevo se introduce la verga en la boca, pero sólo hasta la mitad; sus labios la aprietan muy estrechamente y comienza a succionarla más rápidamente.
7. Último acto: su boca absorbe la verga lo más que puede, como si quisiera tragársela, y la presiona hasta conseguir el goce total.

A esta lista de placeres hay que añadir algunas reflexiones complementarias.

Durante la felación, las manos deben mantenerse activas: las puntas de las uñas de la mujer tienen que hacer vibrar la piel del escroto, aunque suavemente, para no dañarla; formando una pinza con los dedos puede agarrar la raíz del pene en la zona que queda detrás de los testículos.

Aunque el objetivo principal de la felación lo constituye el falo, no hay que olvidarse de las bolsas de los testículos, ya que a los hombres les gusta mucho que se las acaricien lo más suavemente posible.

La felación presenta una cierta analogía con el coito en sí: la verga sale y entra de la boca, y el hombre eyacula en la boca de su compañera (si es que ésta no manifiesta repulsión hacia el olor y el sabor del esperma).

El esperma que se eyacula en la boca no tiene ningún efecto nocivo. Incluso hay quienes pretenden que, cuando se ingiere, produce un efecto beneficioso en la piel del rostro.

Cuando ambos miembros de la pareja gozan de una buena salud, las caricias bucogenitales no representan ningún peligro. A menudo, un simple beso contiene más bacilos y bacterias de todas clases... Naturalmente, las caricias bucogenitales sólo se pueden realizar cuando existe una absoluta certeza de que ninguno de los miembros de la pareja es portador del virus del sida o de otra enfermedad infecciosa.

Cuando existe infección, puede practicarse la felación con la ayuda de un preservativo. Sin embargo, como el cunnilingus no se puede proteger, no se llevará a cabo esta práctica.

LA POSTURA DEL «69»

Se dice que la pareja realiza el «69» cuando practican a la vez la felación y el cunnilingus. Se trata de una caricia muy excitante. En el «69», el hombre y la mujer están acostados en posición invertida, de lado, o uno encima del otro. La postura lateral permite una mayor libertad de movimientos. Sin embargo, la mezcla de las dos caricias presenta un gran inconveniente: los amantes tienen que experimentar placer y proporcionarlo al mismo tiempo. Pese a ello, la postura del «69» constituye una magnífica práctica sexual.

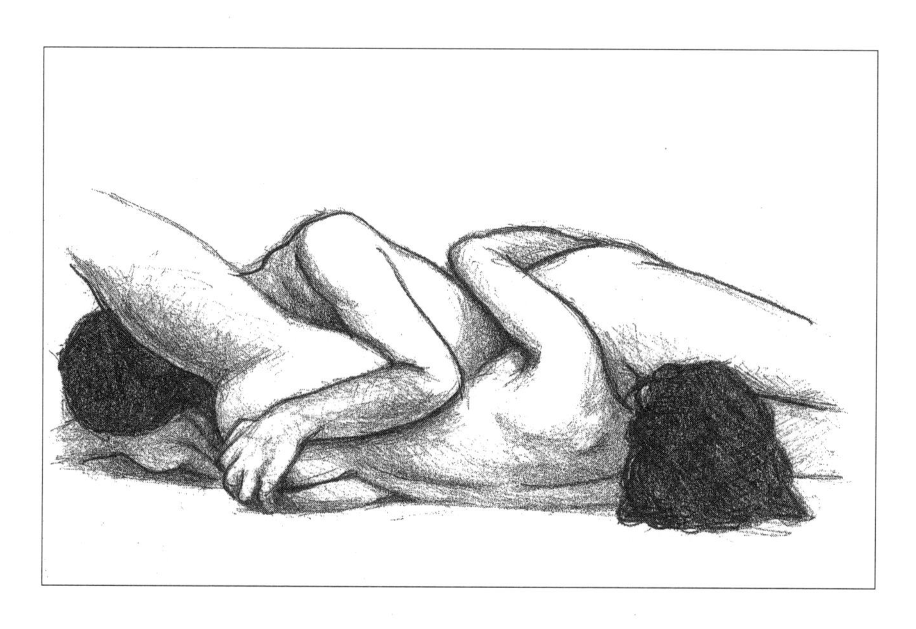

LAS CARICIAS DE LOS «PÉTALOS DE ROSA»

La zona que rodea el ano puede llegar a ser más o menos erógena según sea el comportamiento sexual de los individuos. No obstante, se trata de una zona que está surcada por nervios que recorren el mismo trayecto que los de la vagina y el pene, y su estimulación procura una intensa satisfacción que hasta puede llegar al orgasmo. Se pueden acrecentar las sensaciones que se perciben introduciendo un dedo en el recto (si se utiliza un lubrificante, el placer aumentará). Dicho dedo tiene que moverse suavemente en vaivén dentro del recto.

Cuando es el hombre quien introduce un dedo en el ano de la mujer, con la palma de la mano debe ejercer una firme presión entre el ano y la vulva para facilitar las contracciones y la relajación del esfínter anal.

Es aconsejable que la mujer introduzca un dedo en el ano del hombre cuando éste tiene problemas de erección. Cuando el dedo ha sido previamente lubrificado propiciará la estimulación de la próstata y las vías traseras (presión anterior, hacia la parte inferior del recto, y simultáneamente con la palma de la mano apoyada detrás del escroto).

Hay que lavarse las manos antes de introducir los dedos en el ano, y después si se van a introducir en la vagina.

LAS «POSTURAS» DEL AMOR SIN PENETRACIÓN

Antiguamente, antes de que los anticonceptivos fueran un elemento liberador para la sexualidad de la mujer, las parejas a veces utilizaban posturas «anticonceptivas» en sustitución del coito vaginal. Se conocen ocho «técnicas especiales»:

1. El «coito» en las manos de la compañera. La mujer junta sus manos, entrelazando los dedos y cruzando los pulgares, a fin de crear con ellas una «vagina» e imita la suavidad vaginal mojándose las palmas de las manos con saliva.
2. El «coito» en la boca (véase el apartado dedicado a la felación).
3. El «coito» en el dorso de la rodilla femenina, previamente lubrificado.
4. El «coito» en el pliegue del codo, igualmente lubrificado.
5. El «coito» en la cabellera femenina, con la verga introducida en un mechón de cabello que simula una vagina. Después de la eyaculación, hay que efectuar un buen lavado de la cabeza.
6. El «coito» entre los senos.
7. El «coito» entre los muslos.
8. El «coito» en la axila.

Éstas son las prácticas que antes se utilizaban para guardar la virginidad o evitar el embarazo, ya que los métodos anticonceptivos no se conocían o eran poco fiables.

A continuación nos ocuparemos brevemente de los tres últimos «sustitutivos» citados.

EL «COITO» ENTRE LOS SENOS

Los senos, bien sean opulentos o no, desempeñan un papel muy importante en la excitación femenina cuando se les besa ardientemente, se lamen con una lengua ávida, se succionan como lo haría un recién nacido, se mordisquean delicadamente, se pellizcan con suavidad, se acarician con la punta de la lengua o con la extremidad de la verga... La excitación que causan estas prácticas hace que se hagan visiblemente turgentes. Para el hombre, verlos y tocarlos constituye un

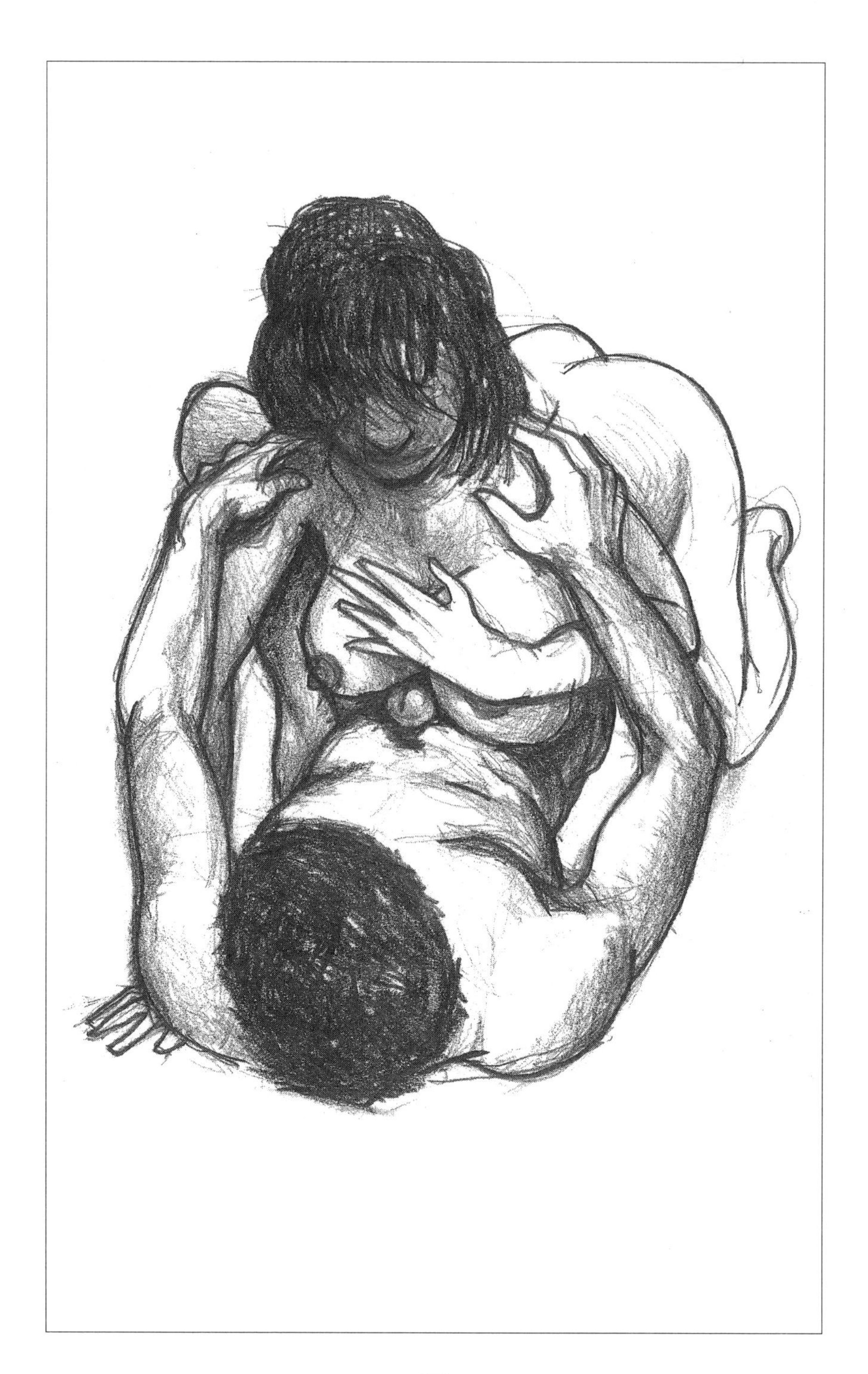

estimulante mágico. Los diversos colores de las areolas (el círculo que rodea el pezón) van de un rosa pálido virginal a un marrón anaranjado, pasando por el tono cacao. Las areolas pueden ser lisas o granuladas.

También los hombres aprecian en gran manera que se les acaricien los pectorales.

Las mujeres que poseen unos senos normalmente desarrollados pueden proponerle a su pareja practicar el coito entre éstos, puesto que se trata de una postura sustitutoria bastante divertida.

La mujer debe cabalgar sobre el hombre –acostado– de tal modo que pueda apresar el pene entre sus pechos, uno junto al otro. A continuación, ejecutará pequeños movimientos de vaivén sobre el prepucio colocado entre sus senos. Esta «técnica» posibilita que el hombre experimente unas sensaciones muy intensas. En la misma postura, también él puede acariciar hábilmente el clítoris de su compañera con la punta del dedo gordo del pie.

EL «COITO» ENTRE LOS MUSLOS

El amante coloca su verga entre los muslos de su compañera, la cual los mantiene apretados entre sí. Ambos están en una posición ventrodorsal o ventroventral. El pene está sometido por completo a la poderosa presión ejercida por la carne de los muslos y por los labios mayores de la vagina. La mujer, al presionar, siente mucho placer, lo mismo que el hombre. La punta del pene queda fuera de la vagina cuando se utiliza esta práctica como método anticonceptivo o cuando los amantes desean gozar así «hasta el final».

Practicar el «coito» entre los muslos puede constituir una etapa de transición entre los fogosos preliminares y las posturas de la unión sexual con penetración.

EL «COITO» EN LA AXILA

Algunas veces los amantes olvidan besar la axila del otro en los preliminares, y ello constituye un error. También los pelos de las axilas pueden servir para acariciar los labios de los componentes de la pareja durante los prolegómenos.

La llamada postura del «coito» en la axila no es demasiado voluptuosa, pero sí es una posible sugerencia que puede enriquecer la gama de los placeres.

El hombre suele elegir la axila derecha de la mujer para deslizar en su interior, por delante o por detrás, la verga. Con su mano izquierda mantiene bloqueado el brazo derecho de la mujer contra sus senos o contra su espalda. Sin lubrificación, únicamente se ejerce presión a lo largo de la verga y no sobre el glande.

ROLES E INICIATIVAS DE LOS AMANTES EN LA UNIÓN SEXUAL

En este punto, Vatsyayana hace una descripción de las especialidades eróticas propias del hombre y de la mujer.

INICIATIVAS Y TÉCNICAS FEMENINAS

Vatsyayana aconseja que sea la mujer quien tome la iniciativa, colocándose encima de su amante si éste experimenta cansancio durante una relación amorosa o si desea satisfacer su curiosidad.

Igualmente puede tomar la iniciativa desde el comienzo.

Cuando está encima de su amante, su cabeza toca sin cesar la cara del hombre, y sus senos se aplastan sobre su torso. A la mujer que toma la iniciativa y coloca a su amante bajo su cuerpo, Vatsyayana le aconseja que devuelva al hombre sus golpes y zarandeos.

ROLES Y TÉCNICAS MASCULINOS

Vatsyayana describe también las técnicas de «acercamiento» del hombre y precisa que, generalmente, el comportamiento de la mujer es el que dicta al amante el camino a tomar para que la unión sea lo más placentera posible. Cita a Suvarnanabha, quien cree que el hombre siempre tiene que orientar su acción a los lugares del cuerpo a los que la mujer dirige su mirada.

Cuando la mujer siente placer, se puede ver cómo se relaja su cuerpo, cómo se cierran sus ojos, cómo desaparece su pudor y aumenta su deseo de que se unan los sexos. Cuando agita las manos, suda, muerde a su compañero o le retiene, le pega o le propina patadas, o le manifiesta su desprecio, significa que no se siente satisfecha y que no ha gozado lo suficiente. En ese caso, el hombre debe masturbarla de la manera más dulce posible para calmarla antes de introducirle su linga (pene).

A continuación, Vatsyayana hace una enumeración de nueve técnicas de que dispone el hombre para penetrar en el «cofre de los tesoros» de la mujer: el acercamiento, el batido, el perforado, el frotamiento, la crecida, el despliegue, la embestida del jabalí, la embestida del toro y el vuelo del gorrión.

Cuando el hombre frota su linga sobre el sexo de la mujer (Yoni) se trata del «acercamiento», pero si hace girar la linga alrededor del yoni, mientras la sostiene con la mano, es el «batido».

El «perforado» se efectúa cuando la linga empuja contra la parte superior del yoni, mientras que si roza repetidamente la parte inferior se trata del «frotamiento». Cuando la linga golpea insistentemente el yoni y lo aprieta se produce la «crecida».

Cuando el hombre retira su linga y después la vuelve a introducir violenta y rápidamente en el yoni, dejando caer sus caderas desde muy arriba, se trata del «despliegue». Cuando la linga frota con mucha intensidad un solo lado del sexo femenino es la «embestida del jabalí». Si el hombre repite esta práctica en ambos lados se trata de la «embestida del toro». Cuando se produce un movimiento de vaivén muy acelerado se produce el denominado «vuelo del gorrión».

Después, Vatsyayana incluye una descripción de tres especialidades que puede ejercitar la mujer cuando toma la iniciativa con la ayuda de su «cofre de los tesoros»: la pinza, el trompo y el balancín.

Se puede decir que una mujer efectúa la «pinza» cuando aprieta o retiene fuertemente y durante mucho tiempo la linga dentro de su sexo.

El «trompo» debe llevarse a cabo por amantes experimentados: la mujer gira como una rueda, pero los sexos no se separan. Una vez tiene el falo introducido en la vulva, se levanta el cuerpo con ayuda de las manos, dobla las piernas y lo hace girar alrededor del pene como si éste fuera un eje.

El «balancín» se practica cuando el hombre eleva la parte media de su cuerpo, o la mujer se sienta en equilibrio sobre la linga erecta y se balancea.

Las mujeres que dominan la técnica de la «pinza» descrita por Vatsyayana son unas amantes muy apreciadas. Los músculos de la vagina y de la pelvis ya están entrenados a contraerse durante el orgasmo.

La mujer que posee unos músculos constrictores de la vagina muy ejercitados y potentes es capaz, sentada sobre sus muslos, de llevar al hombre al orgasmo sin mover ninguna parte de su cuerpo.

CÓMO TRANQUILIZAR A UNA MUCHACHA VIRGEN

Vatsyayana nos describe el comportamiento que debe adoptar el hombre durante los primeros contactos íntimos con una muchacha aún virgen y con la que se ha casado.

Sin perder de vista el marco social y religioso en que se imparten estas reflexiones, haremos mención de lo que Vatsyayana aconseja al hombre que debe iniciar a una mujer virgen en el amor.

El hombre debe mostrarse emprendedor pero sin asomo de violencia; para lograr que la mujer se relaje, debe iniciar los juegos amorosos aunque sin desvirgarla.

Vatsyayana describe a la mujer que se encuentra en esa situación como a una flor que hay que saber tratar con dulzura a fin de infundirle confianza, ya que todo intento demasiado brutal provocará en la mujer un sentimiento de rechazo hacia el acto sexual.

Cuando la mujer se muestra asustada y púdica, Vatsyayana aconseja que el hombre actúe a oscuras. Éste, enardecido, debe aumentar poco a poco sus escarceos en la parte superior del cuerpo femenino (más arri-

ba del ombligo), en cuanto note que la mujer le da pie para ello. Le acariciará los senos y la tranquilizará profiriendo dulces palabras. Mientras la besa, su mano irá poco a poco haciendo progresos por la zona del ombligo, y después se sostendrá apoyándose sobre las rodillas.

La cubrirá de besos, la tranquilizará una vez más y deslizará la mano entre sus muslos. Pronto podrá empezar a acariciar sus partes íntimas... Por último, le hará el amor, pero antes deberá utilizar todas las técnicas posibles para lograr que se moje...

La desfloración (del latín *deflorare*, «arrancar la flor») es causa de que la mujer pierda el himen, la fina membrana elástica que cierra parcialmente la vagina. Una simple presión de la verga en erección, ayudada por la humedad vaginal, normalmente basta para que se rompa dicha membrana.

La desfloración que se produce durante la primera relación sexual de la mujer tiene que ser muy dulce, para que la viva bien tanto psicológica como físicamente. Una primera experiencia dolorosa puede ocasionar una frigidez más o menos duradera.

El hombre que inicia a una joven en el amor debe dar muestra de una gran paciencia y utilizar toda la gama de caricias y de besos.

La postura que resulta más indicada para llevar a cabo la desfloración es aquella en que la mujer está acostada sobre la espalda, con un cojín bajo las nalgas para elevar la posición de su sexo. Tiene las piernas abiertas y levantadas lo más posible hacia atrás, lo que facilita la abertura de la vagina y tensa el himen, con lo cual se desgarrará más fácilmente.

Cuando el hombre es demasiado inexperto o cuando la penetración resulta difícil, la muchacha puede ayudarle, guiándole con la mano, a fin de que él pueda introducir el sexo en su interior.

CONSIDERACIONES ACERCA DE LA PENETRACIÓN

Del mismo modo que Vatsyayana lo precisa en su tratado, el hombre tiene que conocer la naturaleza del apetito erótico de la mujer a través de su modo de comportarse. Para ello, no sólo debe mostrarse apasionado, sino que también tiene que estar atento.

Los preliminares largos y refinados hacen que el cuerpo y todo el ser se vuelvan más receptivos. Debe franquearse el umbral del placer con suavidad, con la ayuda de roces, besos y caricias, primero manuales y después bucales.

Cuando se opta por la penetración, el sexo de la mujer tiene que estar convenientemente lubrificado por las secreciones vaginales para que no sienta ningún dolor.

Las caricias bucogenitales que se efectúan antes de la penetración permiten que se produzca una buena lubrificación cuando se unta el orificio con saliva. Cuando la lubrificación es insuficiente (por falta de excitación de la mujer, o por causas orgánicas, como la menopausia), se hace necesario usar lubrificantes artificiales.

La técnicas para penetrar en el sexo femenino también han sido descritas muy poéticamente por Li Tong-hsuan, el más grande maestro del tao del *Arte de Amar*, en su tratado *Tong-hsuan-tze*. En su libro describe nueve modalidades de penetración:

1. El hombre golpea a derecha e izquierda con su Vara de Jade la gruta de coral de la mujer «como un valiente guerrero que intenta dispersar las filas del enemigo».
2. Mete su Vara de Jade «de arriba abajo, saltando como un caballo salvaje para vadear un río».
3. La retira y la vuelve a hincar «como una bandada de gaviotas que juegan en las olas».
4. Alterna con rapidez las penetraciones profundas con las superficiales «como un gorrión que picotea los granos de arroz dejados en un mortero».
5. Encadena regularmente los golpes profundos y los menos profundos «como las grandes piedras se hunden en el mar».
6. Penetra lentamente «como una serpiente que se desliza en su madriguera para pasar el invierno».
7. Propina golpes pequeños y rápidos «como lo haría una rata asustada al precipitarse en su nido».
8. Se eleva lentamente para después volver a caer «como un águila cuando atrapa a una presa que huye».
9. Se alza y después vuelve a hundirse «como un gran velero desafiando el huracán».

Al igual que las de Vatsyayana, estas poéticas descripciones nos traducen el interés con que el hombre debe cuidar sus «lances amorosos». Las variaciones de ritmo, de potencia, de golpes superficiales alternados con otros más profundos permiten que el hombre pueda controlar su eyaculación y aportar más placer. Sólo si tiene experiencia e imaginación el hombre será capaz de dar placer.

Sobre este tema, Vatsyayana nos dice: «Las diferentes maneras de hacer el amor se aprenden a través de la práctica; los discursos de los textos no son más que abstracciones».

LIBRO 3
LAS POSICIONES DE LA UNIÓN SEXUAL

En este capítulo Vatsyayana describe las posiciones
de la unión sexual, inspiradas a la vez en las reflexiones
de los Babharavya y de Suvarnanabha.
Empieza mencionando las posturas de la mujer,
según las dimensiones de los órganos de los dos amantes.
Cuando ambos son «homólogos»,
la mujer no necesita ensanchar su órgano o contraerlo.
Sólo lo empequeñecerá en una unión «inferior»,
o lo dilatará para un miembro de gran calibre.

LAS POSTURAS DE LA PENETRACIÓN

EN FUNCIÓN DE LOS ÓRGANOS

La mujer «cierva» separa sus piernas para abrir su sexo en el momento del acto con una pareja de dimensiones superiores. La mujer «yegua» abre o aprieta sus muslos según sea el formato del órgano de su amante. La «elefanta» abre ligeramente los muslos para dejarse penetrar y a continuación contrae su sexo para empequeñecer una abertura demasiado ancha para un calibre pequeño.

Vatsyayana precisa que las uniones «inferiores» proporcionan poco placer, y que las mujeres «elefantas» no disfrutan con formatos pequeños tipo «liebre» o sólo lo hacen si toman afrodisíacos (Libro 4). Los apadravya (falos artificiales) se utilizan cuando el hombre no consigue satisfacer el deseo de disfrute de una mujer de dimensiones superiores.

POSTURAS ABIERTAS Y CERRADAS

Vatsyayana nos describe las posturas que utiliza la mujer «cierva» para controlar la anchura de su sexo.

La vulva se «dilata» cuando la mujer echa la cabeza hacia atrás y abre su vagina elevando el cuerpo. El hombre la separa presionando con los muslos sobre sus caderas; levanta las nalgas de la mujer con las manos o con un cojín duro. También puede utilizar un lubrificante.

La vulva está «preparada» cuando en el momento del acto la mujer abre al máximo los muslos levantados.

Ella realiza la «postura del loto» cuando abre los muslos y coloca el pie izquierdo en la base de la pierna derecha, y su pie derecho en la de la izquierda. También puede levantar los muslos manteniéndolos cogidos con los brazos o colocándolos sobre los hombros de su amante.

Sólo puede tener una pierna extendida al mismo tiempo e ir alternándolas; es la postura de la «flauta hendida». También puede, cuando se trata de una mujer ágil, recibir el «clavo»; para ello sus piernas deben estar desplegadas por encima del hombre: un pie sobre su cabeza, otro sobre su pierna, y sentada sobre la verga erecta. La vulva está «abierta de par en par» cuando la mujer levanta los muslos y coloca las rodillas a la altura de las costillas.

La «postura del cangrejo» es adecuada cuando la mujer cierva debe efectuar una unión con un miembro de gran tamaño. En esta postura, la mujer puede optar por extender una pierna, a fin de que el hombre la posea apoyando su pecho contra la pierna que permanece doblada.

Hay cuatro posturas que son adecuadas para que la mujer «elefanta» pueda controlar la abertura de su sexo cuando tiene que ser penetrada por un miembro de tamaño pequeño: el «cierre de la caja», la «presión», el «envoltorio» y la «postura de la yegua».

El «cierre de la caja» es aconsejable para que la mujer «elefanta» la practique para lograr estrechar el órgano de un «liebre». Esta postura se practica con los amantes colocados uno encima del otro o de lado; ambos tienen las piernas extendidas y aprietan con fuerza sus muslos.

Se lleva a cabo la «presión» cuando la mujer realiza el «cierre de la caja» y el hombre hace mucha fuerza con la punta de su linga; después, la mujer la aprieta muy fuertemente entre sus muslos.

El «envoltorio» permite que la mujer pueda reducir las dimensiones de su vulva cruzando una pierna sobre la otra. También puede realizarlo si levanta los muslos cruzados entre sí, dando lugar a la «postura ceñida».

La «postura de la yegua» se realiza en dos tiempos, y resulta difícil de componer. En el momento del acto, el sexo de la mujer se «frota» contra el órgano del hombre y lo atrapa, la mujer debe mantener quieto el resto de su cuerpo. Una vez tiene introducido el miembro, efectúa una contracción y lo guarda dentro de sí.

POSTURAS ESPECIALES

Los amantes hacen el amor de pie apoyándose contra una pared o una columna. La mujer se cuelga del cuello del hombre, que sostiene sus nalgas con las manos; ella imprime un movimiento de vaivén con sus piernas desplegadas, ayudándose del apoyo al que está adosado el hombre. Ésta es la postura denominada del «coito apoyado».

Vatsyayana menciona también la «postura de la vaca», en la que el hombre, como un toro, penetra por detrás a la mujer, que se aguanta a cuatro patas sobre el suelo. El autor nos cuenta que todo lo que se hace habitualmente por delante se puede practicar igualmente por detrás, y añade que el comportamiento sexual de los cuadrúpedos constituye una buena fuente de inspiración de la que se pueden sacar muchos modelos.

Inspirándose en el comportamiento de los animales, los amantes aumentan sus posibilidades de disfrute; el hombre puede imitar al perro; tomar a su compañera como si fuera un asno; cabalgarla como un caballo; cargar contra ella como un tigre; restregarse junto a ella como si fuera un verraco o poseerla en el agua como hacen los elefantes. Vatsyayana habla después de la cópula del «rebaño de vacas». Un hombre hace el amor por turnos a varias mujeres, como lo haría un toro con un rebaño de vacas (una práctica muy utilizada en los harenes, cuando las mujeres conseguían hacerse con un hombre).

Describe las prácticas en las que una cortesana gozaba de cuatro hombres al mismo tiempo; cada uno le hacía el amor por turnos, cambiando de papel con cada nueva cópula. Uno de ellos la sostenía entre sus brazos; otro la penetraba o le lamía la vulva; un tercero la besaba en la boca, y el último se ocupaba del resto de su cuerpo.

Por último cita la cópula de la «abertura del bajo», en la que el hombre penetra el ano de la mujer.

En este punto, Vatsyayana sólo habla de la sodomía entre el hombre y la mujer (la única práctica homosexual masculina que mencionan los Kama-sutra es la felación del eunuco a su amo).

No obstante, Vatsyayana consagra otros apartados a la sodomía, especialmente cuando describe las prácticas «viriles» de ciertas jóvenes que fuerzan a los varones, agotados por repetidos coitos y demasiado cansados para poder empezar de nuevo, a adoptar un comportamiento femenino. Para ello, estas muchachas utilizan un accesorio.

En este punto del relato acaban las explicaciones que Vatsyayana dedica a las posturas de la unión sexual y a los actos especiales.

VARIACIONES EN LA UNIÓN SEXUAL

Las casi seiscientas posiciones tan bellamente comentadas por los antiguos maestros de la ciencia erótica constituyen «variaciones», a menudo muy alambicadas, de las cuatro posturas básicas. Algunas son muy hermosas desde un punto de vista estético, y otras meramente simbólicas.

Otras incluso tienen un carácter místico y constituyen auténticos ejercicios sexuales de meditación, muy complejos además.

Las posiciones de la unión sexual tienen infinitas variaciones y se construyen a partir de las cuatro posturas fundamentales: el hombre arriba; el hombre y la mujer de lado frente a frente; la mujer arriba; la mujer de espaldas al hombre.

En este libro hemos seleccionado algunas posturas por la rica gama de placeres que procuran, pero también por su sencillez. Entre todas, usted podrá descubrir posiciones muy tiernas y otras más «violentas»...

No existe la postura «ideal», ya que todos los amantes poseen unas particularidades físicas más o menos distintas. Las que hemos seleccionado son sólo indicativas.

LA UNIÓN RELAJADA

Realización

- El hombre penetra a su compañera, tiene el pene paralelo a las paredes de la vagina.
- Ella tiene los muslos ligeramente entreabiertos; ambos comparten las mismas dulces sensaciones. Permanecen inmóviles.
- Al principio, se producen algunos movimientos; no obstante, en la unión relajada no hay movimientos de vaivén; la fricción de los órganos se produce por las contracciones internas de la vagina.
- Las contracciones se hacen automáticas e involuntarias cuando los músculos vaginales están suficientemente desarrollados.

Observaciones

La unión «relajada» ofrece una sensación muy agradable de fusión de los cuerpos y placer tanto físico como mental. Da la sensación de que hay un relajamiento total y los amantes se ven sumergidos en un éxtasis sensual muy tierno.

Indicaciones

Es bastante difícil llegar al orgasmo debido a que éste se vive en un estado de total relajación en el que los cuerpos están sometidos a una mínima tensión muscular pero, cuando alguien lo logra, experimenta unas extraordinarias sensaciones.

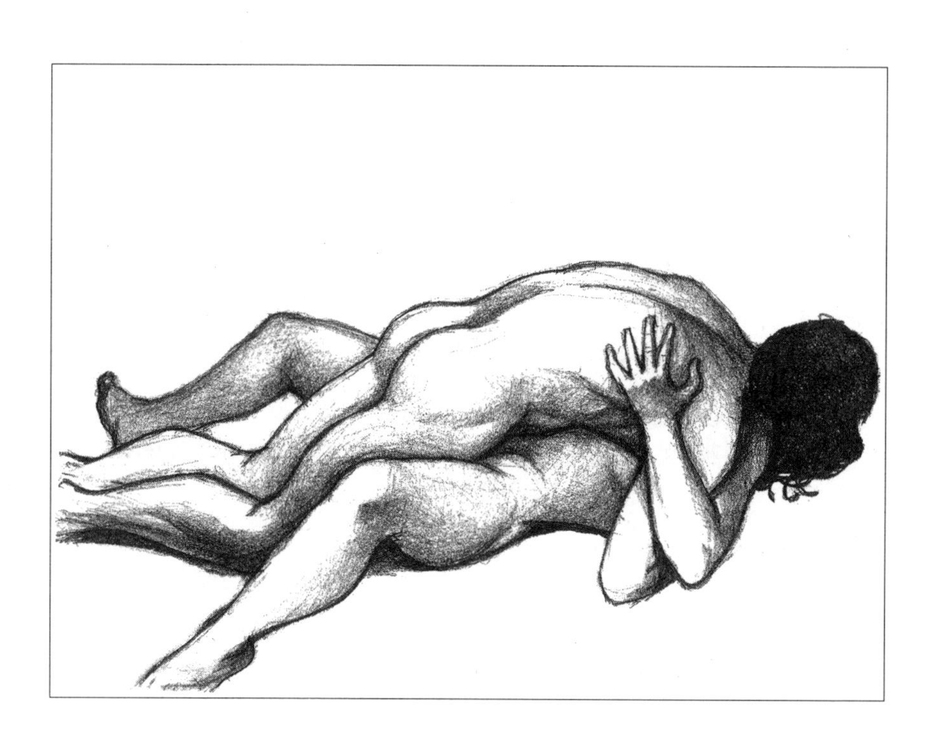

LA UNIÓN DEL MISIONERO

Realización

- Ella está acostada boca arriba; el hombre abre los muslos y se coloca encima.
- La penetra profundamente y empieza a efectuar los movimientos de vaivén. La mujer eleva las piernas y cruza los pies por detrás de los riñones de su compañero.
- En esta postura, ella puede activar o lentificar los movimientos rítmicos y controlar mejor su excitación.
- Él lleva a cabo movimientos de vaivén, apoyándose con los antebrazos, y se incorpora utilizando el apoyo de sus manos.
- Con ello consigue que los movimientos de su pelvis sean más libres y ágiles.

Observaciones

En esta posición, hay una profunda penetración y el orgasmo llega regularmente. No obstante, el ángulo de penetración no es el más favorable para el placer (en esta postura, no se estimula demasiado eficazmente el punto G); aunque se originan unas sensaciones agradables, éstas no son demasiado ardientes.

La mujer puede reducir las dimensiones de su vulva cruzando una pierna sobre la otra. Cuando efectúa la postura que Vatsyayana denomina del «envoltorio», su pareja siente una presión muy estimulante en la verga.

Indicaciones

La mujer puede evitar los dolores musculares en el interior de los muslos si cruza las piernas alrededor de la zona lumbar masculina. Cuanto más alce la pelvis y las piernas, más podrá excitar el pene la parte anterior de la vagina.

Con un cojín duro bajo los riñones se aumenta el contacto profundo del pene. El hombre que tiene tendencia a eyacular precozmente controla mejor su excitación si se coloca de lado, de cara a su compañera, que en esta postura también llamada del «misionero» o «conyugal».

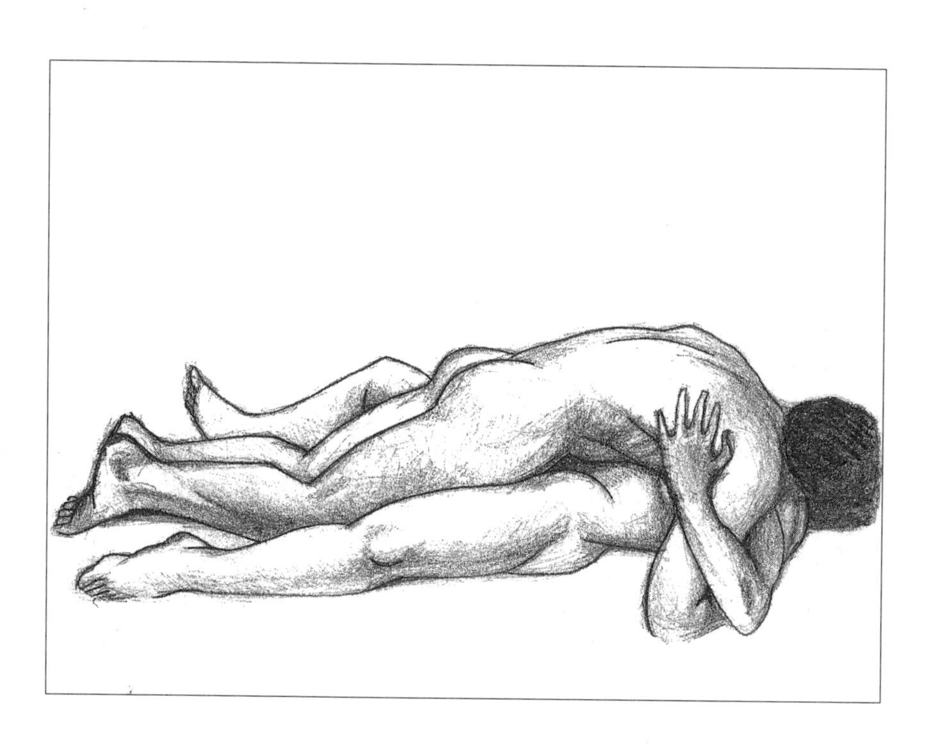

LA POSTURA DEL CANGREJO

REALIZACIÓN

- La mujer está echada sobre la espalda y tiene los muslos doblados contra su pecho.
- Sus pies se apoyan en los hombros de su compañero, que se coloca encima de ella.
- El hombre la penetra profundamente y empieza a efectuar movimientos de vaivén apoyándose sobre las rodillas.

OBSERVACIONES

Esta posición facilita que haya una buena estimulación de la región vaginal y del clítoris, ya que el pene se sitúa prácticamente en posición vertical. La mujer presiona con los muslos su «cofre de los tesoros», y los frotamientos de la verga estimulan poderosamente los labios mayores.

Los amantes experimentan una intensa plenitud física. La penetración puede llegar a ser muy profunda.

INDICACIONES

La mujer, acercando las rodillas a su pecho y colocando las piernas sobre los hombros de su amante, dilata y alarga su vagina. De este modo se facilita la penetración, ya que es más intensa y profunda que en la posición del «misionero».

La postura puede ser aún mucho más agradable si la mujer se coloca unos cojines bajo la cabeza y bajo la parte baja de la espalda. También, si así lo desea, puede poner las piernas en posición vertical formando una *L* con el cuerpo; el hombre efectúa movimientos de vaivén oprimiendo las caderas de su compañera.

La mujer también puede colocar sólo una pierna sobre los hombros de su amante y tener la otra extendida, alternándolas. Si fuera así, la pareja estaría llevando a cabo la postura de la «flauta hendida», que permite que al mismo tiempo haya una buena estimulación del clítoris y una penetración satisfactoria. Todas las posturas en que la mujer acerca las piernas al pecho propician unos buenos ángulos de penetración, que aportan muchas variaciones en la gama del placer.

LA ESCLAVA

Realización

- Ella está acostada sobre la espalda y con los muslos doblados contra el pecho.
- Él está incorporado y la penetra profundamente. Con sus manos aprieta fuertemente los tobillos de su compañera para así conseguir moverse rítmica y vigorosamente.
- Cada vez que la penetra profundamente, el escroto roza con suavidad las nalgas femeninas.

Observaciones

Al hombre le gusta ver la vulva abierta y dilatada. En esta postura experimenta una sensación de dominio, ya que la mujer está impotente y prisionera, aunque también ella siente cómo la penetran muy profundamente. Cuando se busca conseguir ese sentimiento de sumisión, esta postura es verdaderamente maravillosa.

Indicaciones

No resulta aconsejable para las mujeres que no soportan saberse impotentes frente a una exacerbada virilidad masculina, ya que pueden sentir que no son más que puro sexo e incluso pueden creerse violadas. No obstante, con esta postura se logra una penetración muy profunda, con un grado de excitación generalmente muy apreciado.

Cuando la vagina es demasiado pequeña, esta clase de penetración puede resultar dolorosa.

EL PEQUEÑO DESHOLLINADOR

Realización

- Él está arrodillado y con las rodillas abre ligeramente los muslos de su compañera, quien está acostada. La contemplación de la vulva hace que se acreciente su excitación.
- Acerca su sexo y la penetra. La mujer abre todavía más los muslos con excitación para mostrar su deseo de ser penetrada más profundamente.
- Con los muslos y las rodillas, él controla el ritmo y la profundidad de las embestidas. Domina el cuerpo de su compañera, que empieza a alzar el vientre, las caderas y los muslos para aumentar su excitación.
- El hombre le acaricia los senos y se los mordisquea con la boca abierta; mientras, la mujer se estimula el clítoris para excitarse más.

Observaciones

La mujer puede vivir el coito pasivamente y dejar que el hombre lleve la iniciativa, pero si decide efectuar movimientos de rotación con el vientre se excita mucho más.

Si contrae y relaja los músculos de la vagina se acrecentarán aún más sus sensaciones.

Indicaciones

Al hombre esta postura le permite controlar adecuadamente su excitación y retrasar la eyaculación hasta que la mujer deja de moverse. Puede dominar el ritmo del coito y retirarse fácilmente si la excitación se hace demasiado violenta.

La mujer también puede optar por componer una postura «cerrada» a fin de proteger el pene de su amante, cruzando las piernas (el «envoltorio») y elevándolas.

LA CARRETILLA

REALIZACIÓN

• Ella está tendida boca arriba y se apoya sobre los hombros; tiene la pelvis levantada a la altura de la verga.
• Él la sostiene, cogiéndola por debajo de las nalgas con la ayuda de ambas manos. Penetra su cuerpo arqueado, imprimiendo un movimiento de avance y retroceso que hace que los labios mayores de la mujer se colmen de un delicioso placer por medio de la frotación que se origina.

OBSERVACIONES

El cuerpo arqueado de la mujer comporta que se ejerza bastante presión en la verga, con las consiguientes agradables sensaciones que ello conlleva. La visión del cuerpo femenino «entregado» constituye un poderoso estimulante para el hombre.

El hombre dirige por completo los movimientos, y, por unos instantes, es posible que la mujer, si no desea desempeñar un papel pasivo, pueda sentirse un poco prisionera. No obstante, la postura de la «carretilla» permite una penetración muy fuerte, ya que se produce un estrecho contacto entre los dos sexos.

Con frecuencia, en esta postura la mujer experimenta unos orgasmos muy intensos, debido a que, al tener el cuerpo completamente estirado, los músculos internos de la vagina se contraen más fácilmente.

INDICACIONES

Esta postura presenta varios inconvenientes: el hombre se agota bastante por el esfuerzo de mantener levantadas las caderas de la mujer; aunque quiera acariciarla no puede y, en consecuencia, pronto empieza a desear que su compañera también participe en el clima erótico.

Para llevar a cabo esta postura es absolutamente necesario utilizar cojines.

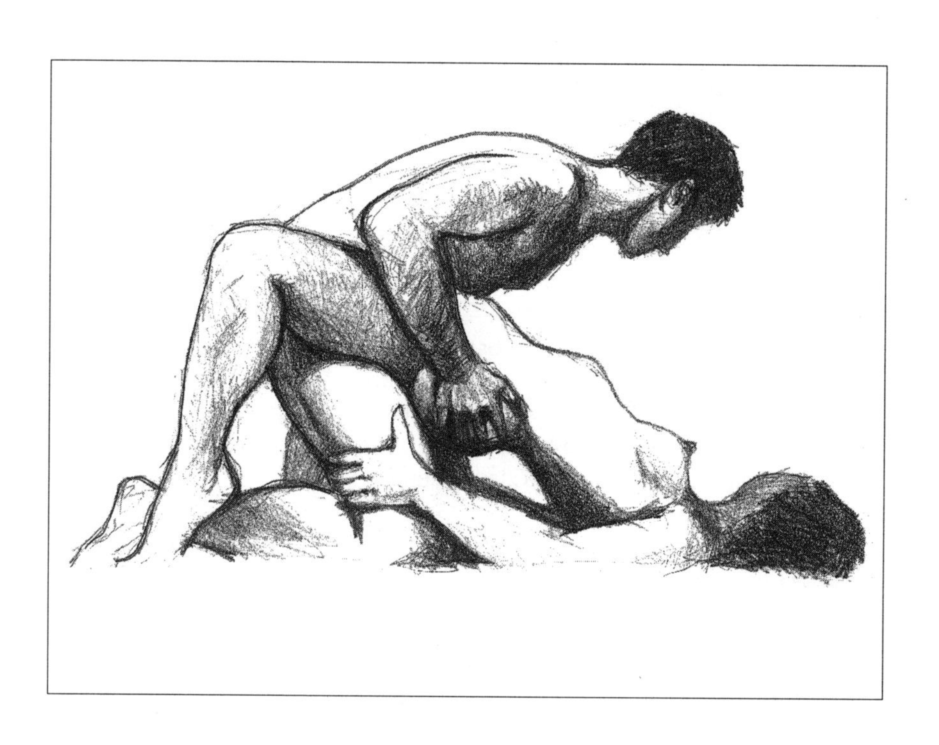

LA V MAYÚSCULA

Realización

- El hombre está de pie, con el miembro a la altura de la vulva dilatada, lista para recibirlo.
- Las piernas de su compañera están muy abiertas, ya que él las mantiene de este modo ejerciendo una ligera presión hacia el exterior.
- La visión de los labios mayores, húmedos y turgentes por la excitación, le provoca una potente erección. La penetra pronto y empieza con los primeros movimientos de vaivén.

Observaciones

Como la penetración de la V mayúscula es muy profunda, las paredes de la vagina resultan muy estimuladas. Al hombre, esta postura le permite realizar toda una gama de embates muy agradables: su glande tan pronto golpea a la derecha como a la izquierda («embestida del toro») y de arriba abajo.

Alterna las penetraciones profundas con otras más superficiales.

Indicaciones

Como los sexos tienen que estar a la misma altura, a menudo está indicado utilizar una mesa, ya que el borde de la cama suele ser demasiado bajo.

A veces es suficiente deslizar unos cojines bajo la pelvis de la mujer.

El hombre puede estar arrodillado, aunque, en ese caso, le resultará más incómodo embestir a la mujer.

Esta posición presenta un inconveniente: los cuerpos no se mantienen en contacto y el hombre no puede acariciar a su pareja. Ésta, si lo desea, puede llegar fácilmente a su clítoris para acentuar su excitación aún más.

EJERCICIOS EN LA BARRA

Realización

- Ella está acostada de lado; él está de rodillas.
- Él monta sobre una pierna de su compañera y mantiene la otra extendida a la altura de su hombro.
- Después, introduce su miembro en el orificio vaginal. Controla los movimientos inmovilizando la parte baja del cuerpo de la mujer con la ayuda de sus dos manos.
- Mediante golpes rítmicos puede explorar toda la cavidad vaginal.

Observaciones

La penetración es profunda y la excitación del clítoris intensa, pero hay poco contacto directo entre los dos amantes.

Sin embargo, la mujer conserva las manos libres para acariciar la base de la verga y también su clítoris.

Indicaciones

Se producen unas deliciosas sensaciones cuando el hombre logra alternar golpes profundos, lentos, rápidos y superficiales, cambiando el ángulo de penetración y de lado para no irritar a su compañera; en esta postura, ella está verdaderamente «clavada» al colchón y, por tanto, no puede ejercer ningún movimiento con las caderas ni con los muslos, ni tampoco puede dar un sentido rotatorio a su vientre.

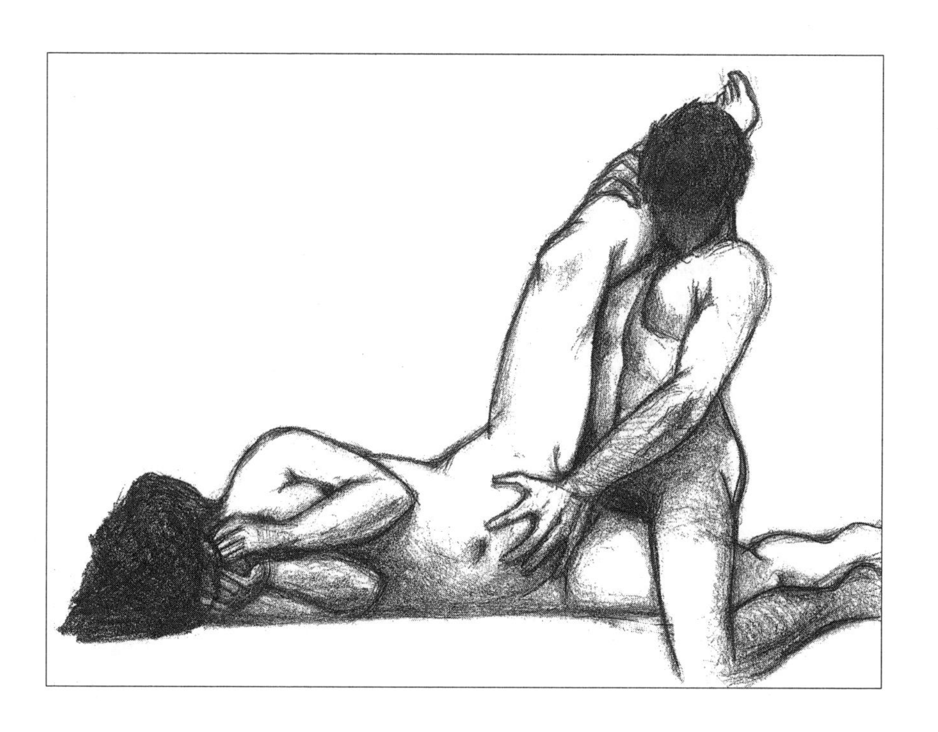

LA «MUSLADA»

Realización

- La mujer está acostada de lado, con una pierna doblada sobre la cama y la otra levantada a media altura para despejar su sexo.
- El hombre se coloca a caballo sobre la pierna extendida de la mujer y frota su miembro contra la vulva antes de penetrarla.
- Él se apoya sobre las manos y las rodillas para realizar los movimientos de vaivén.
- Ella controla el ritmo de los embates y la abertura de su vulva ayudándose con la pierna que tiene levantada y colocada contra la zona lumbar de su compañero.

Observaciones

Hay una penetración intensa que procura unas sensaciones muy fuertes debido a que el sexo femenino se penetra de lado.

La pierna que el hombre coloca entre los muslos femeninos frota el clítoris y lo excita suavemente en cada penetración profunda.

En esta postura la pareja puede besarse, mirarse y hablarse.

Indicaciones

Esta posición, intermedia entre las posturas ventroventrales y ventrodorsales, presenta numerosas variaciones que permiten que el hombre pueda relajar sus antebrazos después de penetrar a la mujer. Si ambos lo desean pueden moverse lateralmente, pero la mujer puede decidir tomar la iniciativa.

Mientras se cambia de posición, siempre es preferible mantener la penetración: el pene puede volverse fláccido si abandona la cálida humedad de la vagina.

POSTURA LATERAL TIERNA

Realización

- Ella está acostada de lado, tiene las rodillas dobladas y los muslos ligeramente levantados y juntos.
- El hombre se introduce entre las piernas de la mujer, se desliza entre ellas para unir los dos órganos y abre el «cofre», que está muy cerrado.
- La mujer lo hace su prisionero agarrándolo con los pies a la altura de las nalgas. Aprieta con fuerza para que el pene se mantenga en su interior.
- Los dos se miran, se besan y se acarician intensamente.

Observaciones

Esta postura permite un contacto de los cuerpos bastante satisfactorio; la mujer puede controlar la penetración y aumentarla cuando lo desea, haciendo fuerza con los pies sobre los riñones de su compañero.

Los movimientos del hombre son bastante limitados, excepto si sabe jugar con la flexibilidad de su espalda. Pese a ello, puede variar muy agradablemente las sensaciones modificando el ángulo de penetración; para que así sea debe modificar la posición de sus piernas y muslos.

A la mujer, esta postura le permite llegar al escroto para acariciarlo, así como comprimir la base de la verga cuando se produce una amenaza de eyaculación.

Indicaciones

Las posturas laterales son idóneas cuando se quiere hacer el amor tiernamente, sin prisas y sin cansarse. La postura de nuestro ejemplo –de lado y de frente– facilita que se produzcan penetraciones flexibles; no obstante, para ello el hombre tiene que ser muy hábil con los dedos.

Las posiciones laterales con frecuencia permiten una buena estimulación del punto G. Están muy recomendadas para las mujeres que tienen dificultades para llegar al orgasmo.

LA UNIÓN DE LA LIBÉLULA

Realización

- Los dos están acostados de lado y a la inversa.
- Ella agarra con sus piernas dobladas la pelvis de su compañero y presiona ligera y rítmicamente con las caderas.
- Despacio, se empala en la verga en erección.
- Con una mano, él aprieta hacia sí las nalgas de la mujer y se desliza dentro de ella profundamente; le acaricia la rabadilla, estimulando hábilmente la región anal.

Observaciones

Esta postura resulta muy agradable ya que los dos se tocan partes del cuerpo que a menudo se descuidan.

Es una buena ocasión para probar algunas caricias adicionales. Si la mujer no se opone a ello, el hombre puede introducirle un dedo en el ano.

Esta doble penetración (cuando la mujer lo desea) proporciona un goce muy intenso capaz de provocar orgasmos en serie.

Indicaciones

La unión de la libélula permite encadenar del modo más sencillo posible infinidad de variaciones. Los miembros de la pareja pueden dejarse rodar sobre la espalda, entonces el hombre penetra a su compañera dándole la espalda y en sentido inverso.

En esta nueva postura, el pene está inclinado hacia abajo y estimula regiones poco exploradas de la vagina. Asimismo, la mujer puede acariciar las nalgas, el ano y los testículos de su acompañante.

LA UNIÓN EN X

Realización

- La mujer cabalga sobre su compañero.
- Él la penetra en profundidad; luego, ella se echa hacia atrás, muy despacio. Él la ayuda con ambos brazos hasta que ella consigue colocar la cabeza y el torso entre sus piernas, que están ampliamente abiertas.
- Los amantes se miran con ternura y empiezan a realizar lentos movimientos circulares, imprimiéndoles un sentido rotatorio con la pelvis.

Observaciones

Cuando los dos amantes coordinan bien las rotaciones, el hombre experimenta unas sensaciones muy poco habituales y su erección se prolonga agradablemente.

A la mujer le cuesta más obtener placer; no obstante, esta postura propicia que se pueda acariciar hábilmente el clítoris. No es infrecuente que en ella ciertas mujeres puedan experimentar orgasmos relativamente largos.

Indicaciones

Aunque en esta posición se puede prolongar la duración del coito, tiene el inconveniente de mantener demasiado separados los cuerpos. Hay un nulo contacto piel a piel, o casi, y resulta imposible besarse.

Además, exige una gran resistencia física, ya que muy pronto sobrevienen dolores en la nuca y en la espalda. No obstante, afortunadamente, es fácil pasar de la unión en X a otras posturas: se pueden sentar, o la mujer puede tomar la iniciativa y ponerse a caballo sobre su compañero...

LA EMBESTIDA DE ANDRÓMACA

REALIZACIÓN

- Él está acostado boca arriba, tiene el sexo erecto.
- Ella le cabalga apoyándose en las rodillas y se introduce suavemente la verga.
- La mujer lleva la iniciativa, y con la ayuda de sus caderas, nalgas y muslos realiza unas maniobras muy hábiles.
- Controla los ángulos de penetración, inclinando el torso hacia adelante o hacia atrás.

OBSERVACIONES

Hay una estimulación muy intensa de la pared anterior de la vagina, el punto G es «pura dinamita». El hombre puede mantenerse completamente distendido mientras la mujer domina la situación; es extraordinaria la visión del cuerpo femenino empalándose una y otra vez.

En esta postura el hombre tiene plena libertad para acariciar libremente a su compañera.

INDICACIONES

Es una posición ideal para reeducar la eyaculación precoz: cuando la vulva está suficientemente lubrificada, la mujer se sienta sobre la verga en erección.

Se produce una penetración lenta y profunda. La pareja permanece inmóvil y no lleva a cabo ningún movimiento que pueda precipitar la eyaculación. El hombre se habitúa al estrecho contacto de la vagina durante varias penetraciones estáticas.

Cuando ha conseguido calmar su excesiva sensibilidad sexual, la mujer, suavemente, empieza a efectuar rotaciones con la pelvis y se detiene cuando la excitación se hace demasiado acuciante.

Es una postura muy apreciada por las mujeres que rechazan las penetraciones demasiado brutales y a quienes les gusta controlar la situación. No obstante, se necesita tener una buena flexibilidad a nivel de la articulación lumbar.

Resulta dolorosa si hay retroversión uterina.

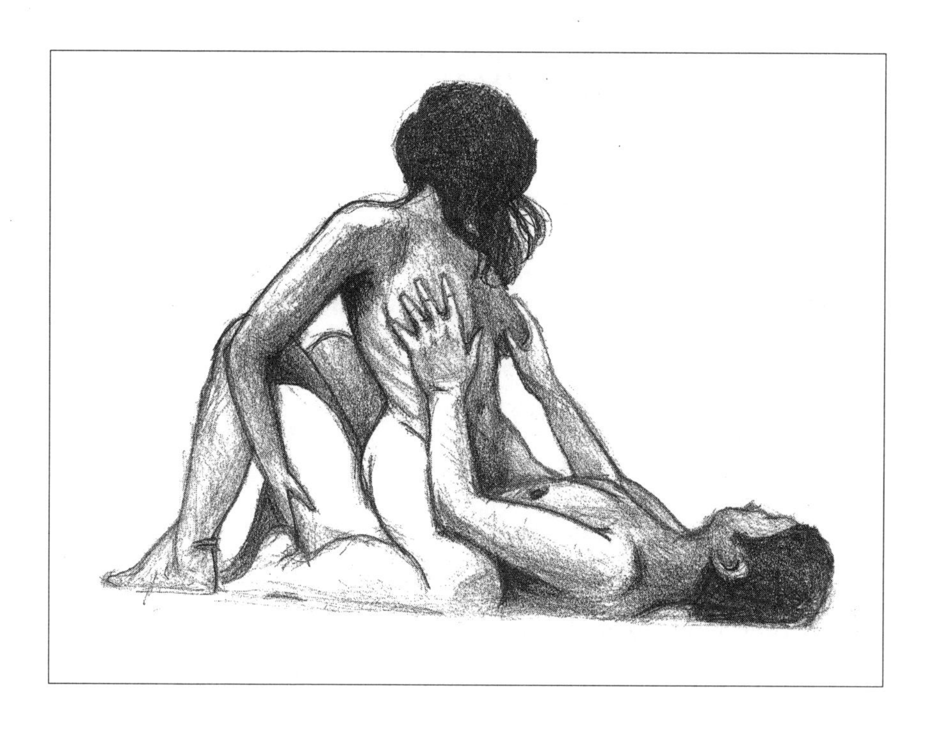

LA UNIÓN DE LA AMAZONA

Realización

- Él está acostado boca arriba; tiene la verga en erección.
- Ella se coloca de lado y se sienta con cuidado sobre el pene erecto.
- Para ello, se apoya con las manos sobre el cuerpo de su compañero.
- Hace que el pene se deslice suavemente en su interior.

Observaciones

Cuanto más abra las piernas la mujer, más acentuará la profundidad de la penetración. En esta postura ella puede cómodamente orientar los frotamientos del pene.

El hombre puede acariciarla intensamente: en el vientre, en la espalda, por dentro de los muslos y en el monte de Venus.

Estrechando las piernas, se ejerce en el pene una presión muy tonificante, y los labios de la vagina se estimulan muy ardientemente.

Indicaciones

El hombre sólo puede lograr que la amazona siga sentada en la «silla» si mantiene una erección potente y firme. La mujer tiene que estar atenta, y deslizarse con suavidad sobre la verga sólo cuando su sexo esté bien lubrificado por la excitación.

Si se comporta demasiado bruscamente, puede llegar a torcer el pene de su compañero. El hombre puede lubrificar su sexo, pero también tendrá que procurar no herir a su amante, penetrándola demasiado profundamente. Es una postura muy adecuada para realizar la «pinza» descrita por Vatsyayana (Libro 2).

LA IMITACIÓN DE LA GARLOPA

Realización

- Él está acostado boca arriba.
- Ella se tiende sobre él, con la espalda contra el torso masculino y, apoyándose en los codos, hace que la verga se deslice en su interior.
- Después coloca los pies sobre las rodillas de su amante, que empieza a encadenar movimientos de vaivén.
- El hombre la sostiene por la cintura y se mueve de abajo arriba, llevando a cabo pequeñas rotaciones y presiones...

Observaciones

Si la mujer no pesa demasiado, el hombre puede controlar muy bien los movimientos de vaivén.

La pareja no puede ni mirarse ni besarse, pero mantienen unida una gran parte de sus cuerpos.

Se trata de una posición que propicia las fantasías.

Indicaciones

Las penetraciones son poco profundas, y la mujer puede controlarlas elevando la pelvis. Es una postura que es muy recomendable para las mujeres embarazadas. Se trata de una de las pocas ocasiones en que el hombre lleva la iniciativa cuando la mujer está encima.

LA BOMBA DE ANDRÓMACA

Realización

- El hombre está acostado boca arriba; ella monta sobre él dándole la espalda y hace que penetre la verga en su vagina arrodillándose despacio.
- Para su compañero constituye un placer poder contemplar la espalda y las nalgas femeninas.
- Él le acaricia la zona lumbar.
- La mujer es quien marca el ritmo y controla la profundidad de las penetraciones, que pueden llegar a ser muy hondas.

Observaciones

Esta posición les resulta muy agradable a ambos. Si su compañera es capaz de efectuar, gracias a los músculos constrictores de la vagina, la ya comentada técnica de la «pinza» descrita por Vatsyayana, el hombre notará cómo aumenta su excitación rápidamente.

El roce regular de las bolsas en el clítoris es una fuente de vivas sensaciones.

Indicaciones

Esta postura presenta el inconveniente de limitar el campo de las caricias; además, resulta muy agotadora para la mujer, sobre todo para las que no poseen unas pantorrillas demasiado musculosas.

Sin embargo, permite que el hombre acaricie íntimamente a la mujer en la zona anal, si ella lo desea, naturalmente.

Si se inclina un poco hacia adelante, la mujer ejercerá una fuerte presión sobre la parte trasera de su vagina. Cuando la mujer es demasiado fogosa, puede haber un cierto riesgo de torcedura del pene.

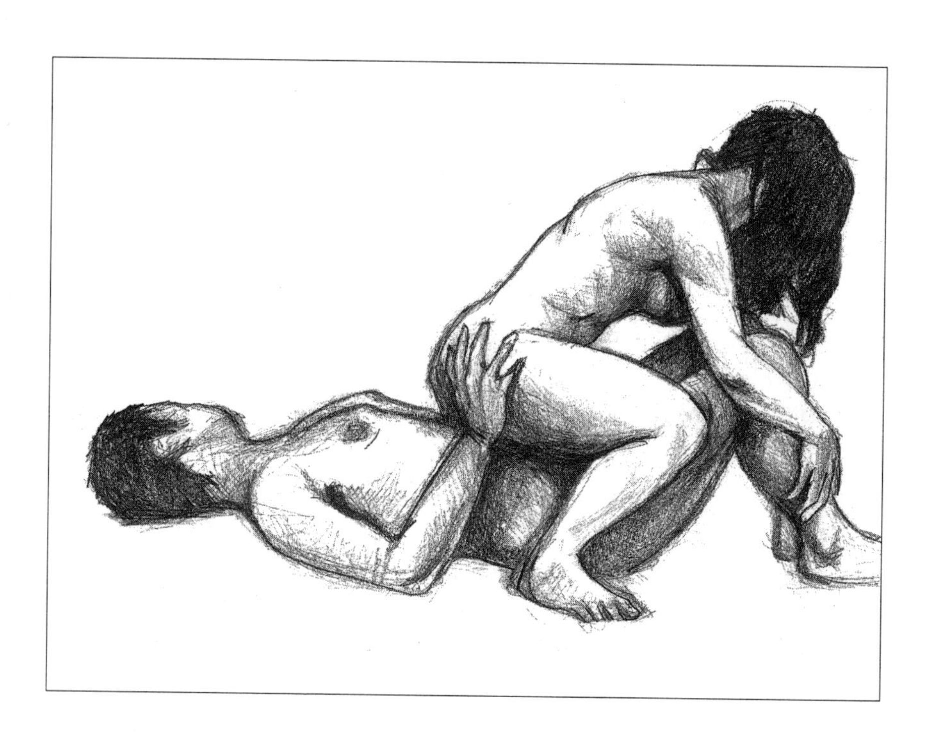

LA JOVENCITA

Realización

- Ella está acostada pasivamente, tiene los muslos abiertos alrededor de la pelvis de su acompañante.
- Éste le coge con ambas manos el vientre, la penetra y empieza con los movimientos de vaivén, atrayendo hacia sí la pelvis femenina y retirándola a intervalos regulares.

Observaciones

Se produce una penetración suave y una estimulación muy agradable; el hombre puede acariciar voluptuosamente el cuerpo de su amante.

Cuando quiere pasearse con su boca por los senos femeninos, no tiene más que levantarle un poco el busto.

Indicaciones

Es una postura adecuada para la mujer que aprecia la relajación y la pasividad en el acto sexual; si se coloca un cojín bajo la nuca, estará más cómoda todavía.

Esta postura puede servir de intermedio entre los preliminares y otras posiciones más «violentas».

LA DANZA DEL CIEMPIÉS

Realización

- Él está sentado, tiene el torso ligeramente echado hacia atrás, y los muslos abiertos y extendidos.
- Ella le cabalga apoyándose sobre las manos y los pies, acerca su sexo al pene y presiona contra el glande, que frota contra su órgano.
- Con las rodillas dobladas comprime el torso de su compañero, al tiempo que hace que la verga penetre enteramente en su interior.

Observaciones

La danza del ciempiés necesita que haya una poderosa erección. La mujer se muestra muy activa en esta postura, ya que con los músculos del perineo comprime el pene. Cuando el hombre tiene bien abiertas las piernas, ella puede realizar unos movimientos de rotación que inflamarán aún más el coito.

En esta postura los dos pueden contemplar claramente la unión de sus órganos genitales, lo que da lugar a que se produzca una excitación muy íntima y tonificante.

Indicaciones

Los dos miembros de la pareja pueden modificar sus sensaciones si cambian el ángulo de penetración del pene. Para ello, tienen que inclinar sus torsos hacia adelante o hacia atrás. La auténtica danza del ciempiés se ejecuta cuando el hombre está soldado a la mujer, se levanta ligeramente del suelo y se apoya sobre sus cuatro miembros; ella intenta mantener sus cuatro apoyos en el suelo, y sus nalgas descansan en todo momento sobre los muslos de su pareja. Cuando el hombre es físicamente fuerte, la danza resulta mágica.

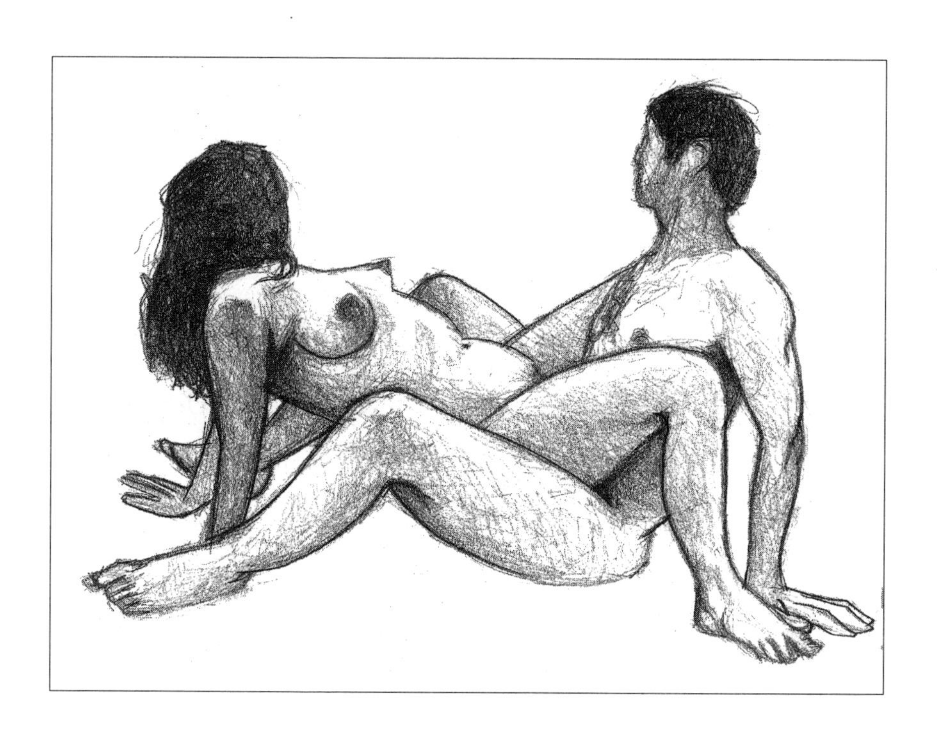

LA EMBESTIDA DE LA YEGUA

Realización

- Los dos están sentados con los torsos echados hacia atrás.
- Él se coloca la zona de la rabadilla femenina entre sus muslos abiertos.
- Ella se apoya en los codos; tiene la espalda descansando sobre un cojín y los pies colocados sobre los hombros de su compañero.
- Él la penetra ayudándose con la presión que ejerce con las caderas.

Observaciones

Ésta es una postura muy adecuada para descansar después de haber estado «jugando» muy activamente.

La penetración es relativamente profunda, aunque resulta agradablemente estrecha si la mujer aprieta las piernas entre sí. La visión del sexo femenino constituye para el hombre una fuente muy potente de excitación.

Indicaciones

Una postura descansada que favorece que el coito dure mucho si los abdominales aguantan...

Sin embargo, es de lamentar que las manos no estén libres para acariciar.

LA UNIÓN DEL LOTO

Realización

- El hombre está sentado; tiene los muslos abiertos y las plantas de los pies unidas.
- La mujer está sentada encima de él, de frente.
- Sus piernas ciñen el talle de su compañero, que, mientras, le besa los senos con deleite.
- Ambos están unidos por sus órganos sexuales.
- Él presiona las nalgas femeninas para imprimir un ritmo cadencioso a sus penetraciones; ella aprieta los músculos del perineo para comprimir la verga que se mueve en su interior.
- Se abrazan con fuerza.

Observaciones

La postura del loto contiene mucha ternura y mucho placer. La pared anterior de la vagina está bien estimulada.

Cuando los dos abren un poco los muslos, la visión de los órganos sexuales unidos es una fuente de excitación muy grande.

Indicaciones

Se trata de una postura muy íntima y que no cansa nunca. Las sensaciones aumentan cuando el hombre multiplica los frotamientos vaginales, balanceando la pelvis hacia adelante, y luego cambiando regularmente, hacia arriba y hacia abajo, la altura del triángulo que forman sus piernas.

SENTADOS

Realización

- Él está sentado.
- Ella se sienta sobre él a horcajadas y frota su húmeda vulva contra el pene.
- Con suavidad, hace que la verga se deslice en su interior y comienza a llevar a cabo series alternas de movimientos de vaivén.
- Él le besa los pechos y le acaricia la rabadilla.
- Le abre los muslos para que su verga penetre más profundamente; a veces, ella responde cerrándolos y estrechando la verga de su amante en su apretado sexo.

Observaciones

Si se apoya sobre el suelo (o sobre los reposabrazos, cuando el asiento dispone de ellos), la mujer puede controlar extraordinariamente el ángulo y la profundidad de la penetración.

Mediante los movimientos de la pelvis puede guiar la punta del pene a los lugares en donde hay una mayor estimulación: las paredes vaginales y el clítoris.

Indicaciones

Es una postura muy sensual en la que las caricias son muy ardientes. Cuando la mujer se sienta de espaldas al hombre también se obtienen los mismos resultados.

En esta posición, el hombre puede acariciar intensamente el cuerpo y los genitales de su compañera.

LA UNIÓN DE LAS BOCAS

Realización

- Los dos están arrodillados frente a frente.
- Ella rodea el cuello de su compañero con sus brazos; él desliza sus muslos dentro de los de ella y la penetra tiernamente.
- Efectúa movimientos rítmicos con la ayuda de la pelvis y aprieta cada vez más las nalgas de su compañera contra su sexo para hacer más intensa la penetración.
- Los senos de la mujer se aplastan contra el pecho masculino; él los acaricia frenéticamente liberando una de sus manos.

Observaciones

Es una postura sensual, llena de ternura. La profundidad de la penetración será más o menos honda según sea el ángulo formado por las rodillas del hombre.

Los embates pueden ser muy superficiales, y el roce de la verga contra los grandes labios muy eficaz. Hay una intensa estimulación del clítoris cuando el hombre levanta la pelvis.

Indicaciones

Se trata de una unión muy buena que permite que la pareja pueda intercambiar apasionados besos en toda la parte superior del cuerpo.

Los dos experimentan un sentimiento de profunda intimidad, ya que pueden hablar y mirarse con pasión en el transcurso de sus arrebatos amorosos.

La unión de las bocas se practica sobre el suelo, pero descansando las rodillas en cojines cómodos para que la postura sea más agradable. Después, la pareja puede levantarse y pasar a la posición ventroventral o a la lateral sin interrumpir por ello la penetración.

LA UNIÓN DE PIE

Realización

- Ambos están de pie, abrazados, con las bocas pegadas la una a la otra y los sexos estrechamente unidos.
- Se elevan un poco después de haber compartido tiernamente la unión de sus bocas.
- Las caricias son apasionadas, el abrazo muy estrecho.
- La lengua de uno rastrea la boca del otro y las salivas se mezclan y comunican.
- Se produce una penetración ligera y cadenciosa.

Observaciones

La unión de pie es bastante especial, ya que la pareja no tiene ningún punto de apoyo y en su realización intervienen todos los músculos del cuerpo. No obstante, se trata de una postura relativamente excitante.

Puede llegar a ser mucho más ardiente si la pareja la practica «bailando» tiernamente.

Indicaciones

La unión de pie resulta agradable y «cómoda» cuando ambos miembros de la pareja son de la misma altura. En cambio, resulta cansada y acrobática para quien se ve forzado a contorsionarse a fin de ajustar los sexos.

Si la mujer es demasiado bajita, es preferible practicar la unión colgada o utilizar el primer peldaño de una escalera...

IMPULSO

Realización

- Sus bocas se unen, las manos corren por sus cuerpos, y sienten un irresistible deseo de unirse.
- Él hace que caiga la ropa que cubre la vulva de su compañera, le deja libre las piernas y las abre para introducirse dentro de ella.
- Ella, con una mano experta, libera la verga de la prisión de la ropa y se coloca contra el apoyo más cercano.
- Coge el sexo de su amante y se lo introduce en el suyo. Él oprime su cuerpo contra el de ella y se desliza profundamente en su interior.

Observaciones

Esta postura puede practicarse contra una pared, contra un árbol, en el ascensor –preferiblemente parado entre dos plantas–, contra un coche...

La unión impulsiva no tiene un lugar propio. Cuando el sexo femenino está bien lubrificado, debido a una excitación muy ardiente, la penetración se realiza con mucha facilidad.

Indicaciones

La mujer puede hacer que la penetración sea más cómoda si coloca una pierna por detrás del muslo de su amante.

El hombre sujeta a la mujer contra el punto de apoyo, agarrándola firmemente y golpea rítmicamente con la pelvis para conseguir embestidas más eficaces; mueve las rodillas para cambiar el ángulo de penetración.

LA UNIÓN COLGADA

Realización

- Apoyado contra una pared, él la levanta cogiéndola por debajo de los muslos.
- Ella pasa un brazo alrededor del cuello de su amante y se sujeta con el otro en su espalda; después, se sienta en la «silla» que forman las manos masculinas unidas.
- Los muslos de la mujer aprietan la pelvis del hombre, el cual, empujando hacia su sexo la zona lumbar de su compañera, la penetra.
- Ella se apoya con los pies contra la pared y empieza a ejercer movimientos de vaivén.
- Él la besa en el cuello y le mordisquea los senos.

Observaciones

Psicológicamente se origina un clima muy estimulante; la penetración es profunda y vigorosa.

El hombre expresa su virilidad. Hay unas sensaciones muy buenas desde el momento en que ambos encuentran el ritmo adecuado, lo que no siempre resulta fácil...

Indicaciones

Es una postura ideal para realizar un coito explosivo y rápido. La unión colgada sin apoyo es más delicada, y a menudo menos placentera, ya que la mujer tiene menos anchura para que pueda deslizarse en ella la verga en su totalidad.

Estas posturas suspendidas resultan muy convenientes para los hombres musculosos y fuertes. Como en estas posiciones las penetraciones pueden ser muy profundas, el amante debe ser «moderadamente» fogoso a fin de no dañar a su compañera tocándole un ovario.

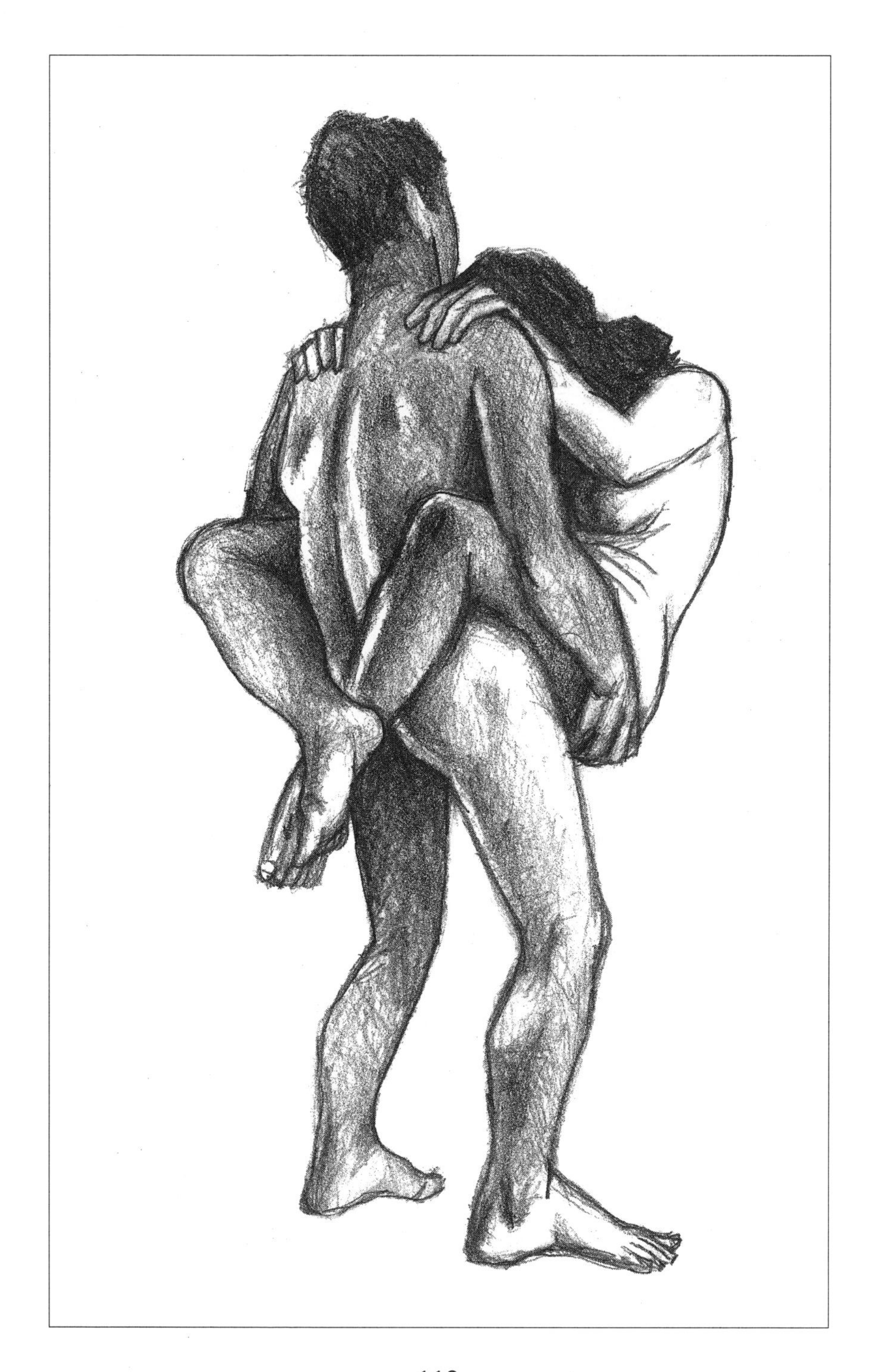

LA UNIÓN EN SUSPENSIÓN

Realización

- Él está de pie; ella acostada sobre el suelo, con la cabeza apoyada en un cobertor mullido.
- Él se arrodilla, la coge por el talle y la levanta llevando la vulva a la altura de su pene.
- Ella abre los muslos y coloca los pies en los hombros de su compañero.
- Éste, sujetándola firmemente por la parte superior de los muslos, la penetra con suavidad.

Observaciones

La mujer muestra a la mirada de su pareja las partes íntimas de su cuerpo. Es una postura terriblemente excitante para el hombre, que ve cómo su verga entra y sale de la vagina de su compañera.

Cuando el hombre domina bien esta postura, debido a que es lo bastante fuerte y ágil, la mujer experimenta una excitación maravillosa.

Indicaciones

Es una postura que resulta muy viril y tonificante, aunque en ella el hombre se canse rápidamente. La mujer puede sufrir dolor en la nuca si el hombre realiza embestidas demasiado violentas con la pelvis.

A menudo, antes de esta postura se realiza la de la unión colgada; en ese caso, en el momento en que la mujer echa hacia atrás la parte superior de su cuerpo, dejándolo caer en el vacío, es preferible colocarse en el borde de la cama.

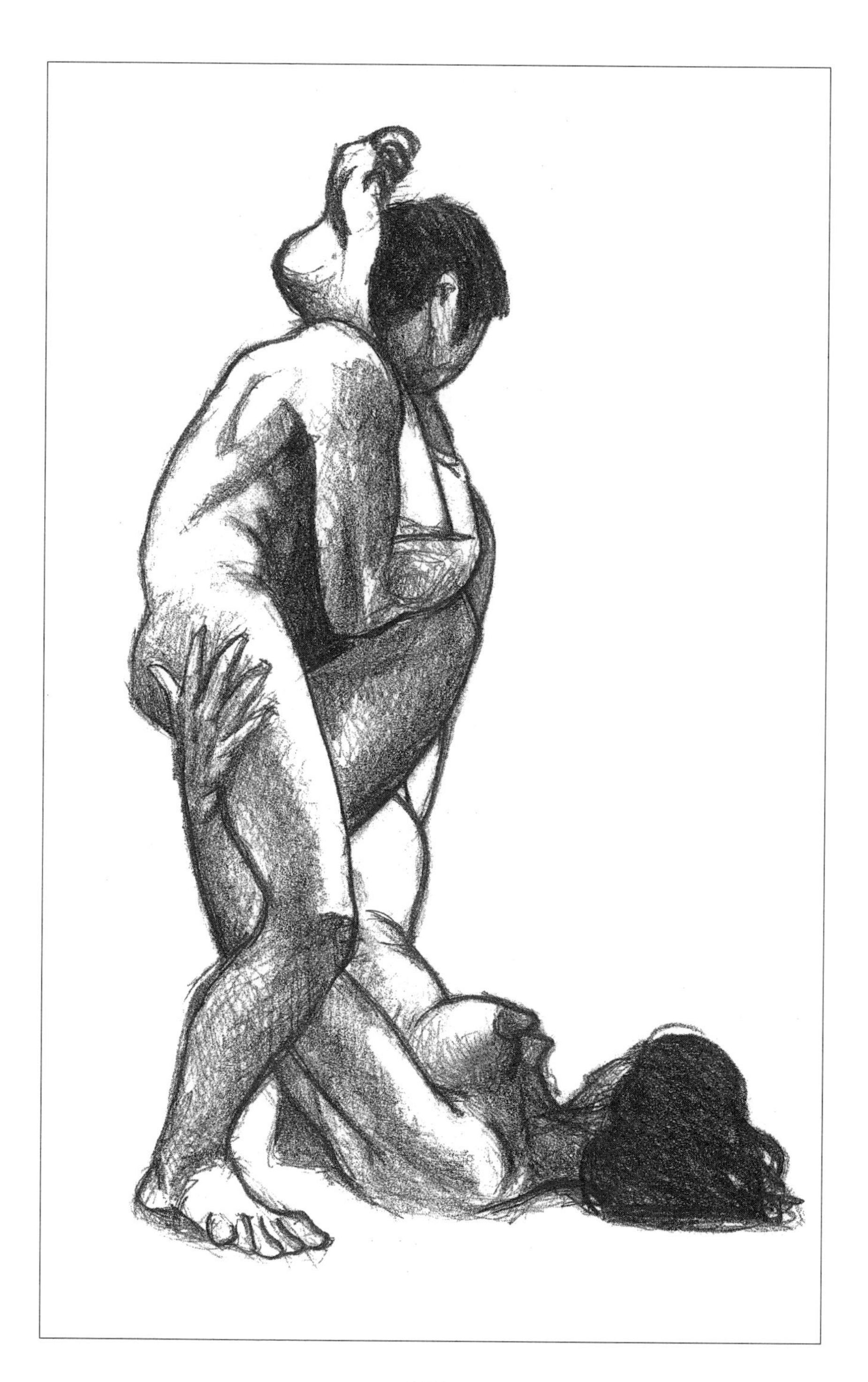

EL EJERCICIO DEL CLAVO

Realización

- Él está de pie; con las piernas ligeramente flexionadas cabalga a su compañera, que ejecuta una especie de pilar vertical para elevar su sexo a la altura del pene masculino.
- Ella se apoya con los codos para dar una cierta estabilidad a su torso.
- Él la penetra flexionando las piernas, retira la verga subiendo la pelvis, y la vuelve a introducir para encadenar una serie de embestidas rápidas.

Observaciones

Aunque no lo parezca, esta postura encierra una cierta ternura. Sin embargo, en ella las caricias son muy difíciles de practicar y hay un nulo contacto entre los cuerpos. Parece más un ejercicio sexual que una posición amorosa; no obstante, proporciona unas sensaciones bastante buenas, ya que el pene penetra muy profundamente y en sentido vertical dentro de la vagina.

El hombre puede contemplar las partes íntimas de su compañera, lo que le excita enormemente.

Indicaciones

Con esta postura es difícil alcanzar el orgasmo; así pues, es un ejercicio que se debería clasificar preferiblemente dentro de las posiciones intermedias.

La mujer experimenta una buena estimulación, pero enseguida le duele la espalda y hasta puede llegar a padecer tortícolis.

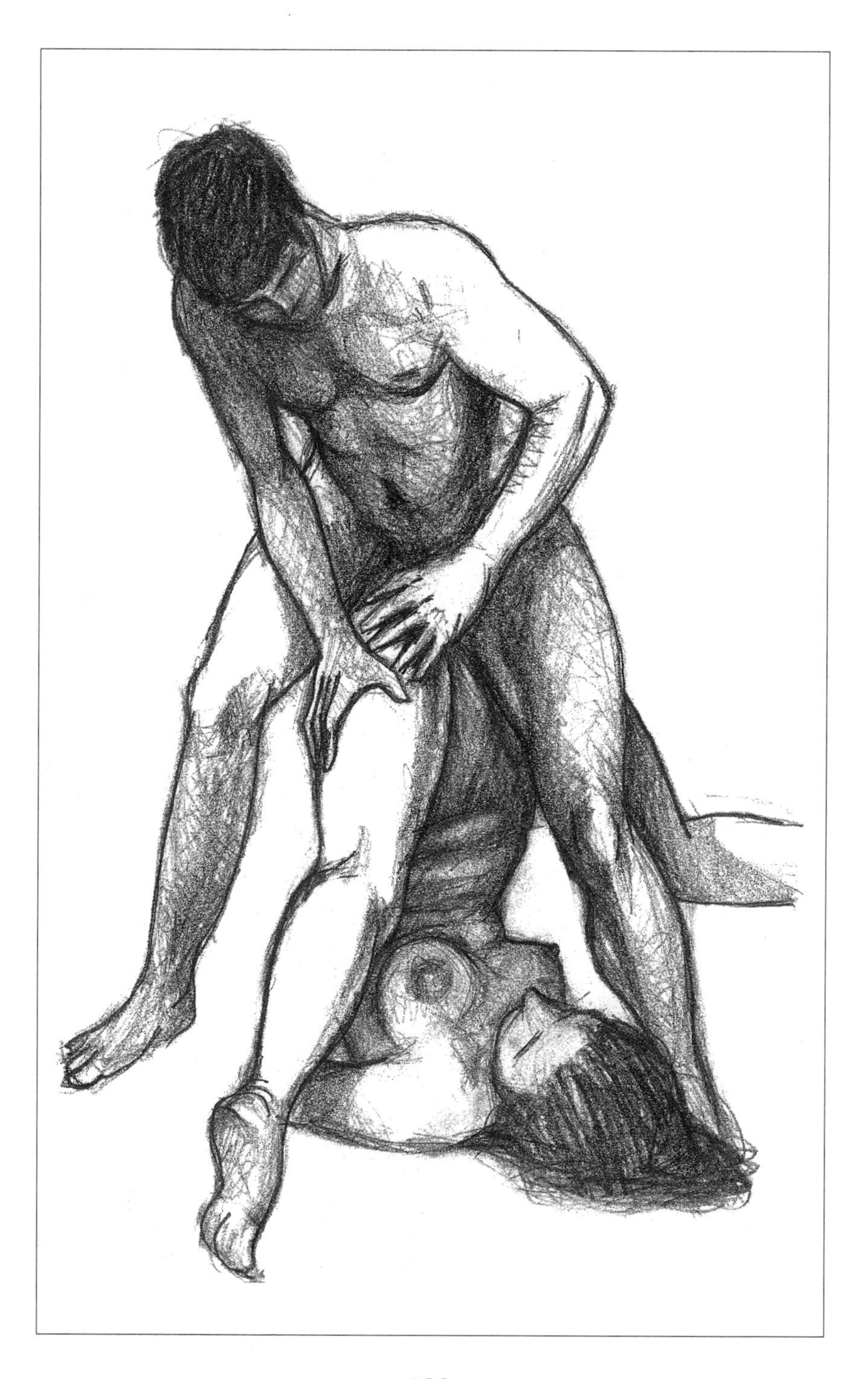

LA CUCHARA

Realización

- Los amantes hacen el amor, echados de costado y acurrucados.
- El hombre se siente incrustado en la espalda de su compañera y hay un gran contacto entre los cuerpos.
- Él mueve suavemente la pelvis.

Observaciones

Se trata de una postura muy tierna y dulce, muy armoniosa y que nunca produce cansancio. Quizá sea una de las más cómodas que existen para los dos miembros de la pareja. La penetración puede ser profunda y voluptuosa.

Esta penetración vaginal por detrás permite que el hombre acaricie los senos, el vientre o el clítoris de su amante.

Después del orgasmo, con frecuencia se quedan unidos el uno junto al otro, en la misma posición, y se suelen dormir hasta que el hombre se retira.

Indicaciones

La penetración se llevará a cabo más cómodamente si la mujer levanta ligeramente las rodillas. Ésta es una postura aconsejable para las mujeres embarazadas, ya que permite controlar adecuadamente la profundidad de la penetración.

EL ACORDEÓN

Realización

- Él está sentado, tiene las piernas extendidas.
- Su torso está ligeramente inclinado hacia un lado, y se apoya sobre uno de sus brazos.
- Ella le cabalga y le coloca la rabadilla sobre el ombligo; después, se empala en la verga.
- Se sostiene con los dos brazos para así hacer girar las caderas y para llevar a cabo movimientos de vaivén.

Observaciones

En esta postura la mujer ejecuta el movimiento de vaivén, lo que es terriblemente excitante para el hombre. Ella puede orientar el ángulo de la penetración del pene, y estimular su punto G, modificando la inclinación de su pelvis.

Los dos se sienten intensamente estimulados.

Indicaciones

El acordeón es una postura muy adecuada cuando el hombre tiene dificultades para llegar a la erección. Esta postura es capaz de despertar incluso a los penes más «dormidos».

EL SIMULACRO DE LAS MIL VERGAS

Realización

- Ella está acostada sobre su vientre, apoyándose con los codos; tiene una de las piernas doblada.
- Levanta ligeramente la pelvis y abre los muslos hacia fuera, para dejar libre su orificio vaginal.
- Él se coloca encima, se apoya con las manos para mantenerse erguido y la penetra.
- Ambos empiezan a moverse en vaivén y mueven sus pelvis cadenciosamente.

Observaciones

En esta postura la mujer siente mucho placer en la zona delantera de la vagina, ya que los testículos le rozan regularmente los labios mayores y el clítoris, lo que le produce una sobreexcitación muy agradable.

El hombre siente mucho placer debido a que la penetración es muy profunda en esta postura y al sentimiento de dominio que experimenta con ella.

Indicaciones

La mujer también puede apretar las piernas extendiéndolas juntas para experimentar una nueva y excitante estimulación en el clítoris y los labios menores de la vagina.

Al hombre le gusta mucho notar la presión que el «cierre del cofre» ejerce en su sexo; no obstante, en esta posición la penetración es menos profunda.

A LO GALGO

Realización

- Ella está arrodillada, con los codos apoyados en el suelo y la zona lumbar arqueada.
- Él, arrodillado detrás, frota su sexo contra el orificio vaginal y, a continuación, lo introduce.
- Le presiona la zona de la rabadilla con la pelvis y, ayudándose con las caderas, empieza a practicar los movimientos de vaivén.
- Sus manos se posan sobre los senos de su compañera y los acarician fogosamente.

Observaciones

La mujer experimenta unas sensaciones muy potentes que pueden variar modificando el ángulo de su pelvis y balanceándose de delante atrás.

Al hombre le gusta muchísimo esta postura, ya que en ella el pene penetra muy profundamente debido a que está muy oprimido.

Al tratarse de una posición «dominadora», ve ampliamente colmado su instinto de macho. No obstante, debe moderar su ardor e intercalar diversas pausas, ya que se produce una excitación muy fuerte y corre peligro de eyacular precozmente.

Indicaciones

Como la penetración a lo galgo alcanza mucha profundidad, puede llegar a ser dolorosa, ya que la mujer puede notar un dolor agudo en el bajo vientre si su vagina no está bien lubrificada por la excitación. Es preferible practicar esta postura después de un largo prolegómeno.

La penetración por detrás es aconsejable para las mujeres aquejadas de retroversión uterina. En este tipo de postura, el esperma llega más fácilmente al cuello del útero, lo que hace que aumenten las posibilidades de embarazo.

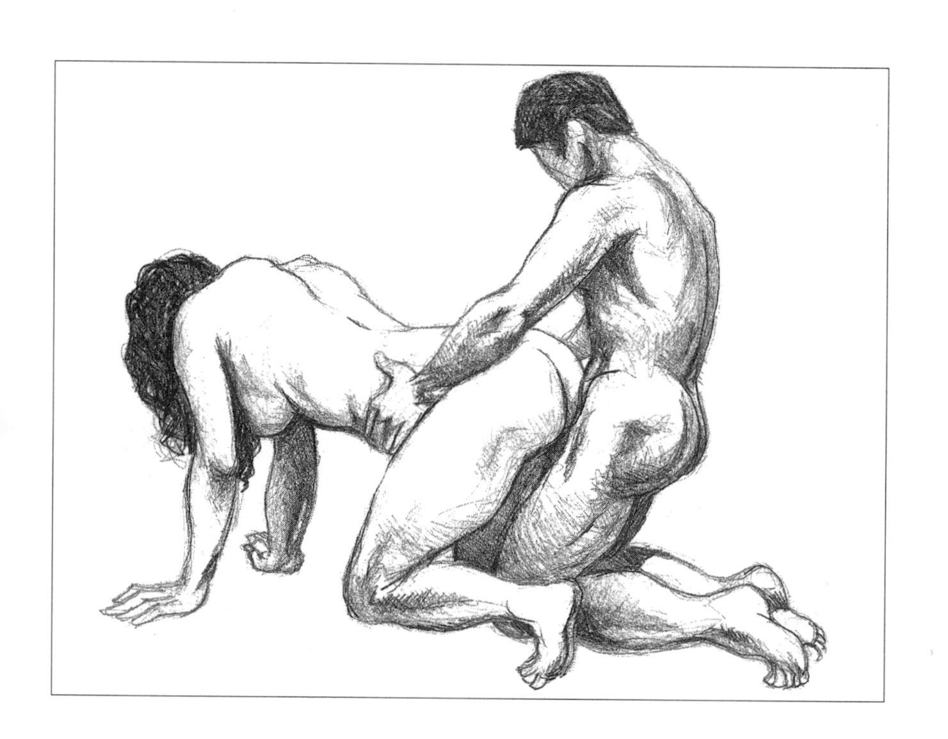

LA EXÓTICA

REALIZACIÓN

- Ella está arrodillada apoyándose con los codos; tiene las manos cruzadas por detrás de la nuca.
- Él se arrodilla detrás y la penetra apoyando con fuerza las manos en sus omoplatos.
- Hace que se muevan simultáneamente las pelvis de ambos y ejerce movimientos de vaivén.

OBSERVACIONES

Hay una penetración profunda; en esta postura el hombre controla el ángulo de penetración del pene.

En esta posición hay una muy buena estimulación del punto G, ya que se origina un contacto muy íntimo con el pene. Aunque pueda parecer un poco «bestial», es una postura terriblemente turbadora.

INDICACIONES

Esta clase de postura es causa de que se origine un fenómeno de aspiración y expulsión del aire que produce un sonido bastante asombroso.

Las posturas por detrás en que la mujer mantiene la cabeza baja permiten que la pareja se mantenga en contacto de un modo total y profundo.

LA ABERTURA MARAVILLOSA

Realización

- Ella está estirada; se apoya sobre un codo y una rodilla.
- Él está arrodillado detrás de ella.
- Levanta la pelvis de su compañera, conduce el orificio vaginal hasta la altura de su pene y la penetra.
- Ambos realizan cadenciosos movimientos de vaivén.

Observaciones

La penetración puede llegar a ser muy profunda; por tanto, el hombre debe conducirse suavemente para no dañar un ovario.

En esta postura no se pueden prodigar caricias. Pero a pesar de ello, la excitación es muy intensa.

Indicaciones

Se trata de una postura muy estimulante, pero perteneciente a las del grado intermedio porque en ella los amantes se cansan muy pronto.

Cuando la mujer desea que la acaricien, puede adoptar una posición que permita que el hombre llegue a sus senos, clítoris o región anal.

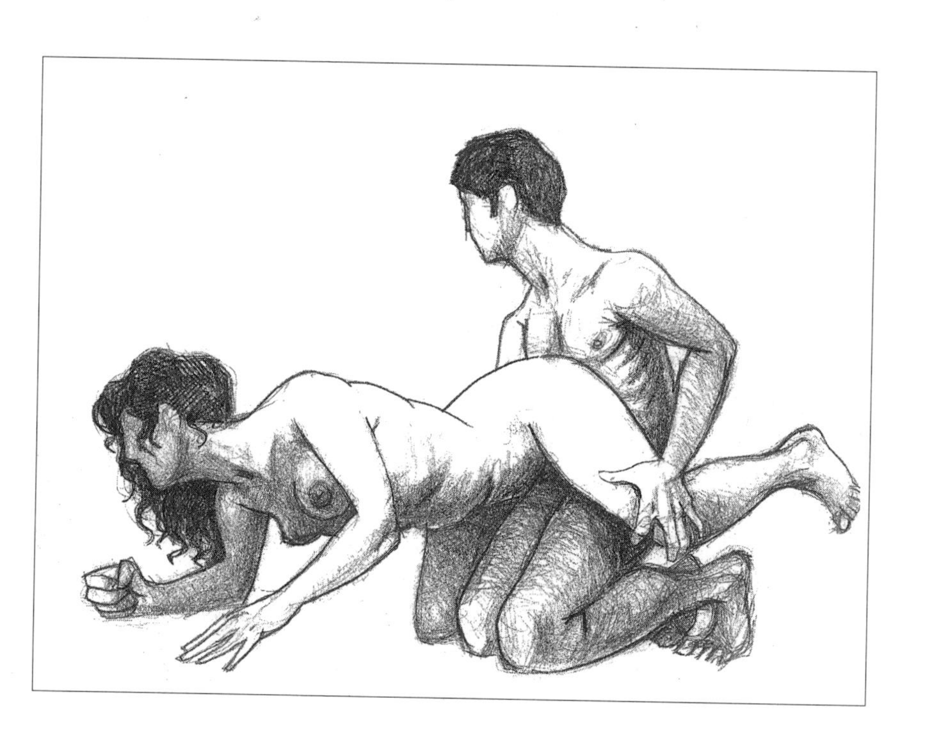

LA CAJA

REALIZACIÓN

- Él está de pie, tiene el sexo a la altura de la vagina de su compañera, que está echada en el borde de la cama apoyada sobre las rodillas y los antebrazos.
- Él la coge por las caderas, se mete entre sus pantorrillas y la penetra.
- Empieza a realizar movimientos de vaivén llevando hacia adelante y hacia atrás la pelvis de su amante.

OBSERVACIONES

Esta posición permite que las paredes de la vagina y los labios estén en estrecho contacto con el pene. Como la verga está muy comprimida, las sensaciones son muy fuertes.

El hombre inclina su busto hacia adelante, a fin de acariciar los pechos de su compañera. En esta postura hay una estimulación del punto G muy eficaz.

INDICACIONES

Las penetraciones por detrás no son demasiado románticas, algunas veces la mujer puede sentirse humillada por la dominación masculina inherente a este tipo de posturas. A pesar de ello, estas posiciones siempre procuran sensaciones nuevas y maravillosamente turbadoras.

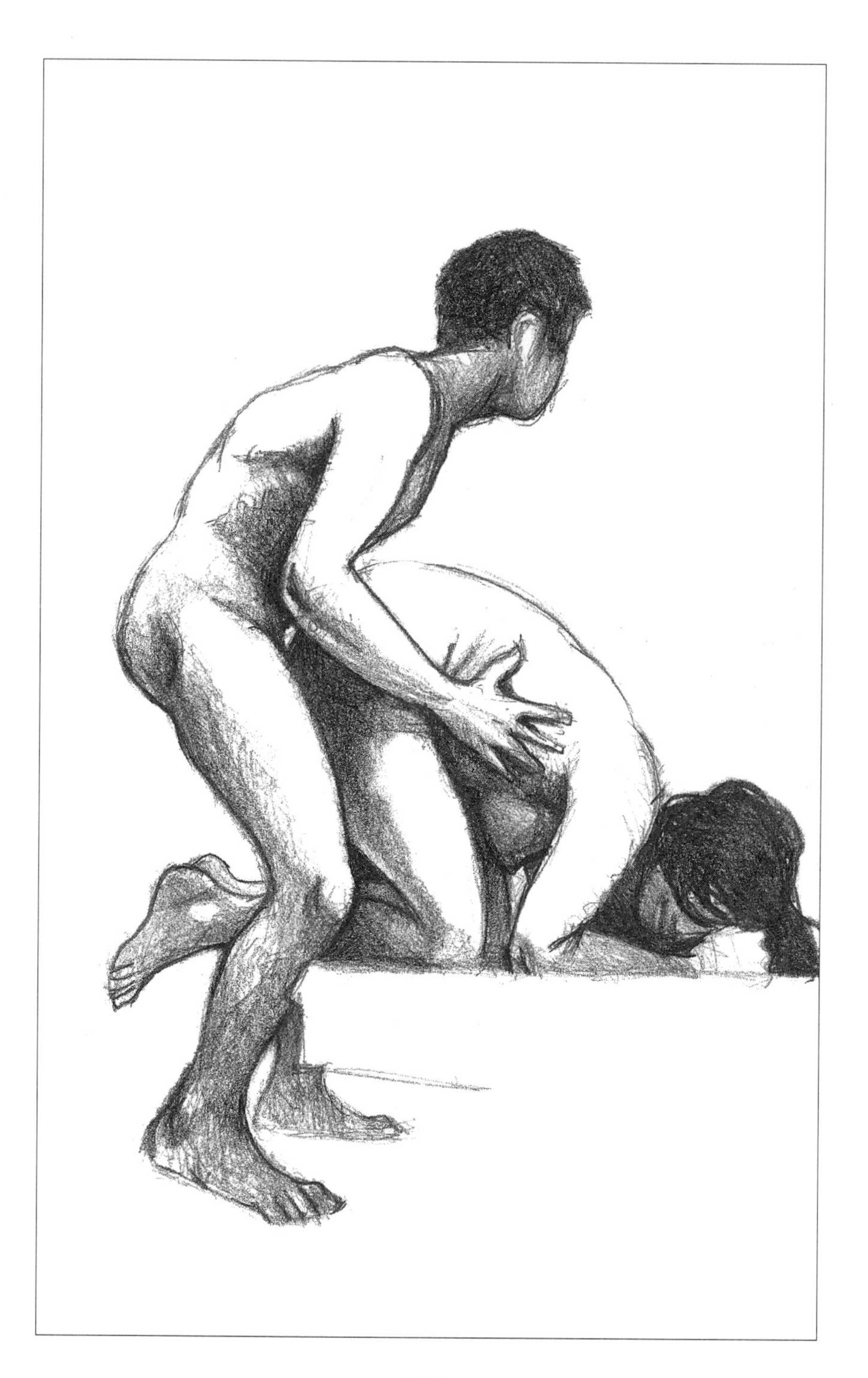

LA JAVA DE LOS ESPONSALES

Realización

- El hombre está de pie; se apoya con las rodillas contra el borde de la cama.
- Su compañera está estirada de espaldas a él, que le levanta la pelvis y acerca la vulva a su pene.
- La mujer se apoya sobre los brazos extendidos, pasa sus piernas dobladas bajo los de su compañero y pone los pies en sus pectorales.
- Él la mantiene firmemente agarrada por la zona de la pelvis e introduce la verga dentro de su vagina.
- Realiza despacio y suavemente los movimientos de vaivén.

Observaciones

En esta postura es difícil llegar al orgasmo, ya que los músculos de los amantes se resienten muy pronto.

Indicaciones

Se trata de un «ejercicio» sexual para noches de «cachondeo»; hay que ser muy ágil para practicarlo.

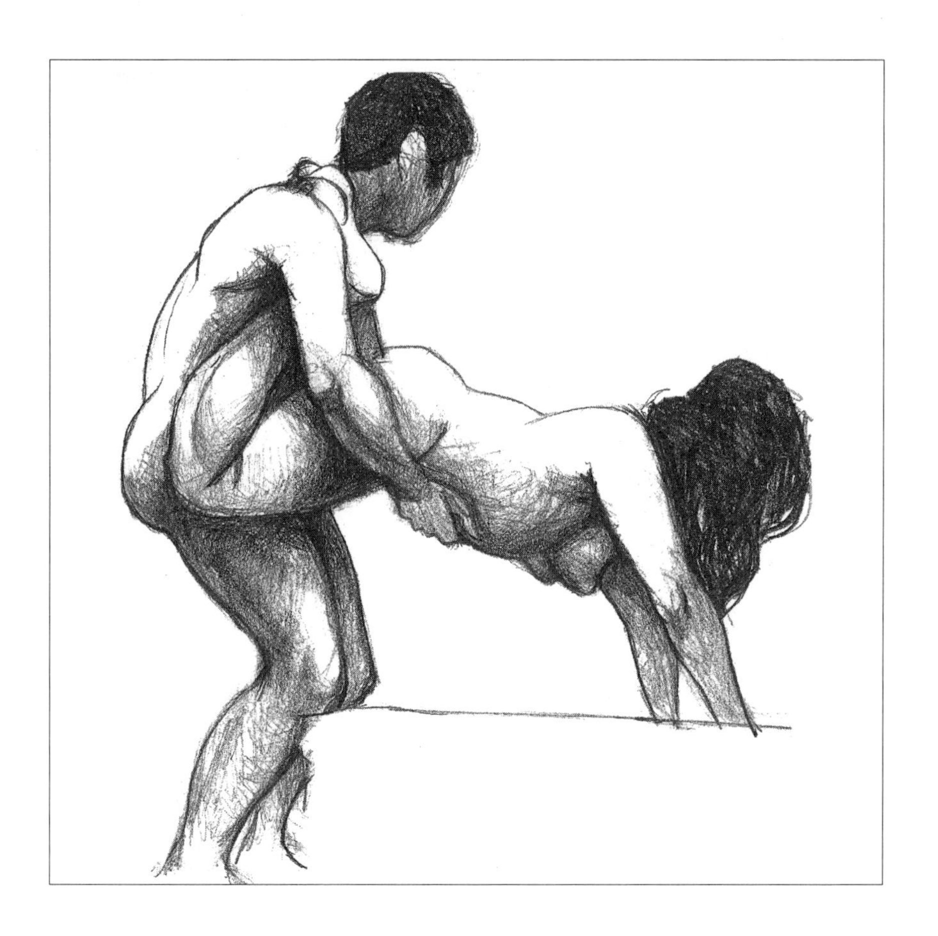

LA MANIOBRA DEL JARDINERO

Realización

- Ella está estirada de espaldas a su compañero, que está de pie al lado de la cama.
- Él se mete entre sus piernas, le levanta los muslos para colocarlos a la altura de su pelvis, los sujeta firmemente con las manos y acerca el sexo al orificio vaginal.
- Ella se apoya ayudándose con los brazos y se deja penetrar; su compañero ejerce movimientos de vaivén, moviendo la pelvis hacia adelante y hacia atrás.

Observaciones

La penetración resulta muy agradable y profunda. El escroto acaricia regularmente el clítoris.

Al hombre le gusta mucho contemplar la zona de la rabadilla de la mujer, ya que ello estimula su erección en grado sumo.

LA POSTURA DE LA VACA

Realización

- «La mujer se pone a cuatro patas sobre el suelo en la postura de la vaca, lista para dejarse embestir por el toro» (Vatsyayana).

Observaciones

Postura de «puro sexo». En ella la mujer desempeña un papel totalmente pasivo, pero, mientras dura, puede fantasear «a fondo». El hombre puede satisfacer sus más bestiales deseos sexuales...

Si se lleva a cabo entre dos posturas más tiernas, esta posición proporciona un estimulante cambio de ritmo, aunque pronto se echan a faltar las caricias y los besos...

Indicaciones

La posición no resulta agradable cuando el hombre mantiene siempre las rodillas flexionadas; si es así, es preferible que su compañera esté un poco levantada. Como la penetración puede llegar a alcanzar gran profundidad, el hombre tiene que procurar no herir a su compañera.

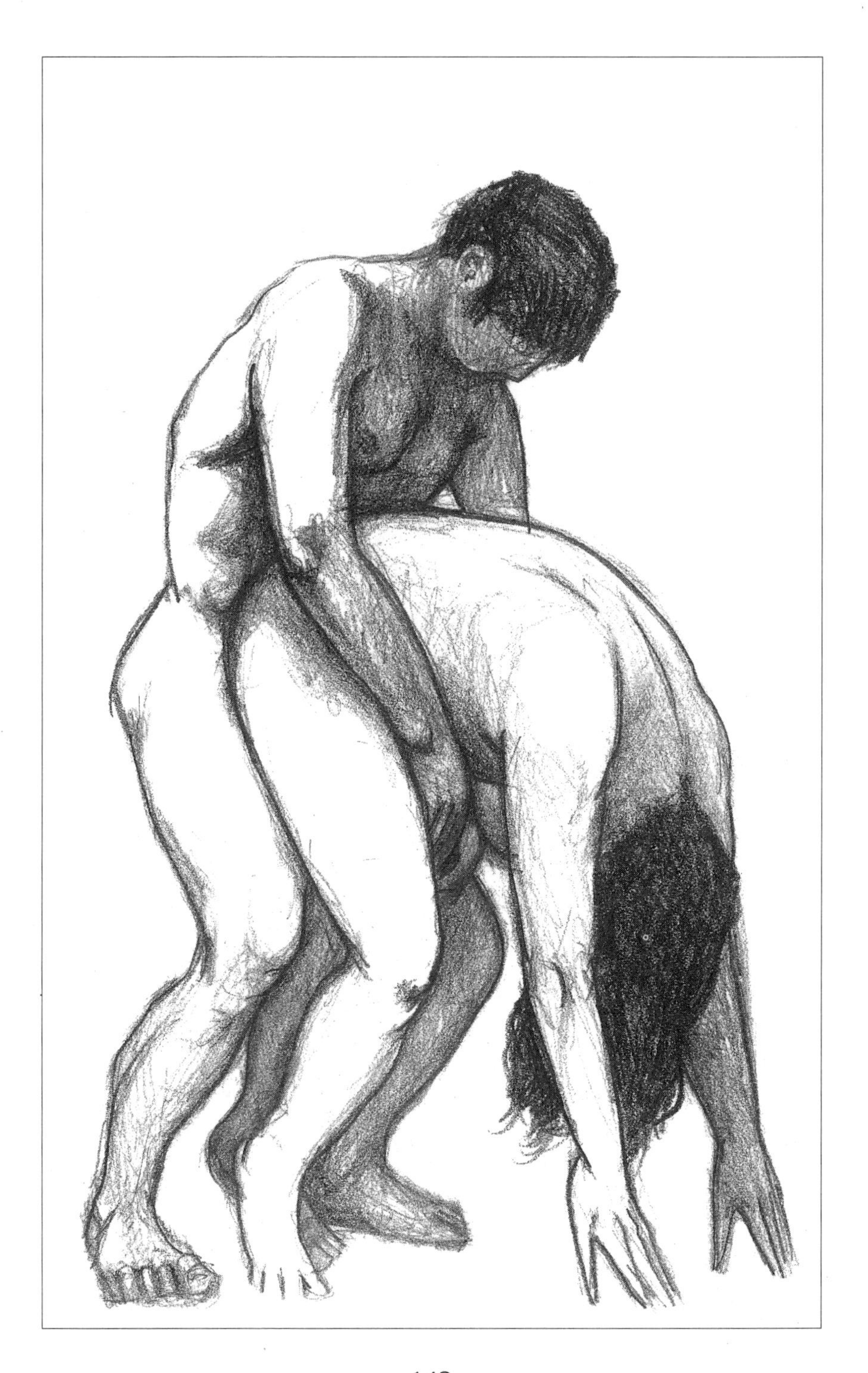

SODOMÍA

INDICACIONES

El ano está sujeto por un músculo muy fuerte que hace que la penetración se vuelva dolorosa cuando no se efectúa una lubrificación previa y no se introducen antes uno o dos dedos dentro de aquél. Naturalmente, es muy recomendable que antes de la penetración se efectúe un lavado del orificio anal. Luego, el hombre ya puede introducir la verga dentro del ano de su compañera. El movimiento del pene en el orificio anal es el mismo que en el vaginal. El hombre no debe penetrar la vagina de la mujer después de haberle penetrado el ano. Si lo hace sin haberse lavado antes el sexo, en el interior de la vagina pueden desarrollarse infecciones. Las penetraciones demasiado frecuentes provocan una distensión del esfínter anal, que acaba por no poder desempeñar su papel constrictor...

Las parejas que deciden practicar la penetración anal pueden alcanzar unos estadios orgásmicos muy intensos.

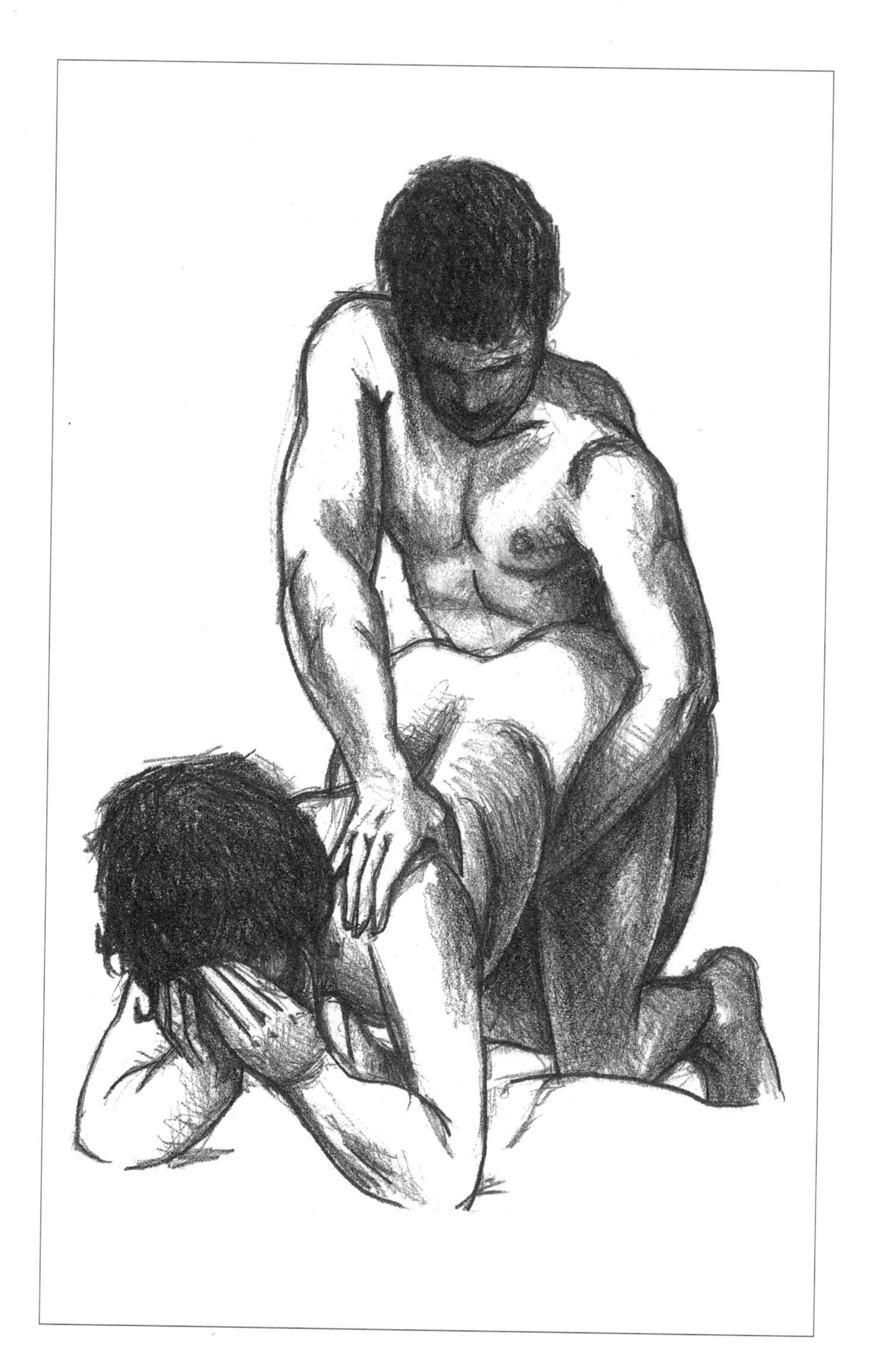

LIBRO 4
LOS SECRETOS DEL PODER SEXUAL

Esta última exposición está dedicada
a las enseñanzas de los «placeres secretos».
En este punto, Vatsyayana se ocupa
de los medios artificiales y mágicos
que pueden ayudar al hombre a recuperar su virilidad,
o permitirle subyugar a la mujer que desea.

Advertencias y comentarios

Las mixturas amorosas que enuncia Vatsyayana guardan sus secretos, ya que las numerosas plantas tropicales que entran en su composición muy a menudo son mal conocidas o no tienen una denominación propia en las lenguas occidentales.

En una poción, cada uno de los ingredientes contribuye a la eficacia real o ficticia del conjunto. Las «fórmulas» incompletas o aproximativas no revisten ningún interés. Sin embargo, se relacionan y se añaden a los comentarios de Vatsyayana algunas sustancias afrodisíacas famosas y comunes en diversas civilizaciones.

Los afrodisíacos son sustancias animales, vegetales o químicas destinadas a agudizar las facultades sensuales y a alargar la unión sexual mediante la modificación de la potencia sexual de los amantes.

Sus principales efectos son: exacerbación de las pulsiones sexuales; nacimiento del sentimiento amoroso; erotización del tacto; «descubrimiento» de nuevas zonas erógenas; una secreción vaginal más abundante; estrechamiento de la vagina; aumento de la erección; retraso o cese de la eyaculación durante el orgasmo; aumento de la erogenización de la zona anal, etc. También existen otras sustancias –los anafrodisíacos– que perturban las sensaciones sexuales.

El tabaco forma parte de los anafrodisíacos. El alcaloide que contiene (la nicotina) ejerce un efecto vasoconstrictor especialmente nefasto para una correcta irrigación de la zona genital. Con frecuencia, las personas muy fumadoras pueden llegar a ser impotentes.

Aun hoy en día ciertos monjes, para preservar su castidad, utilizan algunas plantas conocidas por sus poderes anafrodisíacos; a los presos, ilícitamente, se les administran sustancias inhibidoras de las pulsiones sexuales...

En cada civilización, los hombres han buscado los medios capaces de aumentar su potencia sexual. Las pociones de los «brujos» han conseguido perdurar en el tiempo, pero a menudo sus secretos han estado bien guardados.

Una ojeada a afrodisíacos universalmente famosos nos lleva a citar sustancias que están sometidas a la legislación sobre estupefacientes. El cannabis ocupa un lugar privilegiado entre los afrodisíacos. El consumo de esta sustancia se remonta, quizás, a la noche de los tiempos...

No se pueden recomendar o alabar semejantes sustancias. Bien dosificadas, numerosas drogas de las llamadas «blandas» son capaces de exaltar el placer erótico, dando una dimensión más intensa al acto sexual, pero su uso repetido pronto entraña unas consecuencias nefastas en varios aspectos, entre ellas, un descenso de la apetencia sexual.

El mejor afrodisíaco sigue siendo nuestro cerebro, puesto que en él se efectúa la «mezcla» entre las sensaciones físicas y las emocionales. El cerebro es el órgano por antonomasia del placer sexual, no tenemos más que dejarle que fabrique sus fantasías...

Hay numerosos productos y alimentos, llamados afrodisíacos, que son completamente inofensivos, pero, en cambio, existen otros que pueden actuar de un modo negativo respecto a la potencia sexual.

Cuando se habla de drogas, con frecuencia se olvida citar el alcohol, debido a que esta sustancia está aceptada socialmente. En pequeñas cantidades, el alcohol tiene un efecto desinhibidor que permite aumentar las posibilidades de comunicación al tiempo que propicia el deseo sexual; sin embargo, en grandes cantidades disminuye terriblemente la respuesta sexual... No obstante, bien dosificado, el alcohol es un ingrediente muy apreciado en numerosos brebajes afrodisíacos.

En la época clásica (siglos V-IV a. C.), los griegos utilizaban las virtudes euforizantes del vino para preparar las pócimas amorosas. Lo aromatizaban con numerosas hierbas, como el laurel, el tomillo, el enebro, el mirto, antes de pasar a añadirle otras plantas de propiedades alucinógenas...

LAS FÓRMULAS SECRETAS DEL ÉXITO SEXUAL

Vatsyayana nos alecciona sobre los medios existentes para aumentar el encanto personal, para seducir al ser deseado y aumentar la virilidad, precisando que las mixturas y prácticas ocultas se pueden utilizar cuando todos los consejos que imparte a lo largo de sus consideraciones precedentes se revelan insuficientes.

Según Vatsyayana, el éxito en el amor está condicionado por la belleza, la juventud y por otras cualidades, como la virtud y la generosidad. Los individuos que han dejado de ser bellos preparan diversas hojas de plantas (desconocidas) mediante su ebullición, reducidas al fuego, molidas, maceradas... antes de aplicárselas en el cuerpo. Para ser más atractivo sexualmente, se elaboran ungüentos, colirios, amuletos, polvos y bálsamos, se ingieren preparaciones (de composición exacta desconocida) susceptibles de dar una apariencia seductora.

Para subyugar a la mujer en el transcurso de la unión sexual, al hombre le aconseja que ingiera un brebaje en el que se ha hervido un testículo de macho cabrío.

Numerosas «recetas» contienen parcialmente en su composición huesos u otras partes de animales, como el tristemente famoso cuerno de rinoceronte, por ejemplo. Los antiguos chinos eran quienes más utilizaban el polvo de dicho cuerno como afrodisíaco. También lo usaban como recipiente, previamente tallado en forma de vagina, para preparar las pociones que se impregnaban de los «poderes» viriles del cuerno. Desgraciadamente, aún en nuestros días el cuerno de rinoceronte sigue siendo objeto de codicia en el Extremo Oriente.

Las pociones mágicas

Vatsyayana enumera también numerosas pociones de poderes «mágicos», preparadas en cráneos humanos (procedentes de herencias) con fórmulas sagradas. Para que nunca pertenezca a otro, a la muchacha codiciada se la rocía con ingredientes reducidos a polvo y mezclados con excrementos de mono.

Después de enunciar las diferentes prácticas, Vatsyayana advierte que sólo las pueden preparar personas competentes y experimentadas. Alude a los remedios reconstituyentes de la medicina ayurvédica y especialmente al Ayurveda: ciencia de la salud, de la alegría de vivir y de la longevidad. Para el Ayurveda, la buena salud sólo se puede concebir por medio de una vida sexual armoniosa y rica.

Buena parte de esta doctrina tradicional está dedicada al estudio de los vajikaranas, destinados a potenciar las funciones sexuales. Los vajikaranas están dirigidos particularmente a los hombres, pero también a las mujeres, quienes, en aquel tiempo, cuando eran bellas y expertas, estaban consideradas como unos auténticos afrodisíacos para el hombre.

La medicina ayurvédica enumera una cantidad considerable de mixturas afrodisíacas, pero cuyos componentes resultan, la mayoría de las veces, muy difíciles de encontrar. Los compuestos afrodisíacos más comúnmente citados y también los más fáciles de encontrar son la canela, el cardamomo, la nuez moscada y el betel (el hombre distinguido que nos describe Vatsyayana nunca olvidaba ofrecer hojas de betel a la mujer que había seducido).

En el Ayurveda, las hierbas sagradas de Shiva pertenecen a los vajikaranas más eficaces. La tradición cuenta que Shiva (tercera persona de la trinidad hindú) después de haber sido invitado por su esposa Parvati (diosa del brahmanismo) a fumar las flores resinosas y perfumadas de una planta de cannabis, dejó de cortejar a las otras diosas y se consagró por completo a ella.

Los yogas tántricos fuman pipas de ganja (flores hembras del cannabis) para extraer de ellas la energía sexual y la potencia fálica de Shiva. También se preparan brebajes para agudizar las sensaciones sexuales, mezclando pimienta, leche, azúcar, clavo, cardamomo y flores de cannabis.

El cannabis también se fuma con otras plantas afrodisíacas (belladona, beleño, estramonio, coleo, maro), o tomado en infusión.

El hachís (resina que se extrae de las extremidades florales de las plantas de cannabis *indica* o *sativa*) estaba también muy extendido en Oriente y era muy alabado por sus virtudes afrodisíacas; algunas veces se mezclaba, como en Asia, con opio y diversas especias (nuez moscada, clavo, azafrán). El hachís se conocía igualmente desde hacía muchos años en todo el continente africano; fueron los esclavos negros quienes lo llevaron a Jamaica y a las Antillas.

El Ayurveda define el cannabis como un maravilloso afrodisíaco que permite sentir una apetencia sexual excepcional, aunque precisa que un consumo abusivo, no reservado al acto en sí, provoca efectos opuestos, ya que perturba el organismo y lo agota progresivamente (apatía, indiferencia ante la realidad, trastornos de memoria, déficit inmunitario).

Una pequeña farmacopea del amor (complementos) podría estar integrada por ginseng, gengibre, estramonio, coriandro, verbena, sándalo, ginkgo, cardamomo, nuez de cola, pimienta, apio, ámbar, guarana.

- El éxtasis y las anfetaminas están rotundamente desaconsejados: son productos químicos de composición dudosa con efectos secundarios muy peligrosos.
- Los *smart drinks* (extractos naturales de cola, ginkgo, etc., mezclados con compuestos vitamínicos) son bastante inofensivos.
- El *Poppers*, conocido por sus poderes euforizantes y vasodilatadores (sodomía), se vendía ilegalmente en los *sex-shops*, a pesar de que se sabía que destruía masivamente las células del sistema inmunológico.
- La cantárida, extracto de moscas tropicales desecadas y pulverizadas, provoca congestión de la verga y, por lo tanto, prolonga la erección, pero en un plazo más o menos largo constituye un veneno mortal.

Los métodos y accesorios de la relación sexual

Vatsyayana recomienda usar «artificios» cuando el hombre desfallece y se siente incapaz de hacer gozar a una mujer de temperamento y necesidades sexuales superiores a las suyas. Para conseguir que una mujer «elefanta» vea aumentado su placer, el autor aconseja conseguir que se «moje» abundantemente, frotándole enérgicamente el sexo y sólo penetrarla en el último momento para poder alcanzar el goce simultáneamente.

Cuando la vagina está bastante estimulada produce unas secreciones naturales, por ello, unos preliminares «chapuceros» las limitan y hacen que la penetración sea dolorosa. Algunas veces, las poco abundantes secreciones de la mujer menopáusica pueden paliarse con lubrificantes naturales, geles o cremas. No obstante, una mujer puede excitarse mucho aunque tenga la vulva seca...

PENES POSTIZOS Y ARTILUGIOS

Vatsyayana recomienda el uso del apadravya (penes artificiales) cuando el sexo del hombre permanece desesperadamente fláccido. El autor manifiesta que cuando los penes postizos se utilizan en alternancia con la linga, las dimensiones de esos falos artificiales deben ser como las del pene del amante. Cree que es apropiado usar un apadravya de madera, aunque también destaca que existen otros fabricados en oro, plata, cobre, hierro, estaño, plomo, marfil y asta.

Actualmente las prótesis fálicas están equipadas con sistemas de calentamiento y/o mecanismos que simulan la erección. También existen algunos modelos dotados de dispositivos de vibromasaje. Este accesorio a pilas contrasta con los recomendados por Vatsyayana, aunque suele ser mucho más eficaz que el pene de los amantes no iniciados en el arte erótico. Este conocido artilugio permite que se estimulen las terminaciones sensitivas con una eficacia tal que, prácticamente, se origina el orgasmo en todas las ocasiones.

Durante la unión sexual el pene debe frotar al máximo los labios de la vulva y el clítoris, ya que cuanto más active sus terminaciones nerviosas, más placer experimentará la mujer.

Vatsyayana cita la existencia de brazaletes que aumentan el grosor del falo, fundas y estuches en donde se introduce la verga, o también hilos metálicos que los hombres se enrollan alrededor del miembro.

El autor cita un brazalete que sirve también para frenar ligeramente la circulación en las venas del pene y lentificar la evacuación de la sangre de los tejidos esponjosos de la verga. También permite mantener durante más tiempo la erección.

Algunos de estos brazaletes, ajustados por medio de un hilo al pene, son rugosos por fuera con el fin de producir una vibración de los labios mayores y excitar el clítoris (en ese caso, tienen un relieve un poco más suave). El brazuelo se coloca sólo en la parte inferior del pene, o bien en toda su longitud. Su acabado, generalmente rugoso, permite que se produzcan unos roces muy agradables.

Vatsyayana describe también prácticas locales que consisten en perforar el pene e introducir en él pequeños accesorios, que no lo dañan, pero que sí son lo suficientemente duros como para hacer que los actos eróticos resulten más penetrantes.

A continuación, explica cómo aumentar el tamaño de la verga y desarrollar sus posibilidades.

Así, menciona métodos que consisten en friccionarla con plantas o pelos urticantes de insectos para que aumente de tamaño. El hombre también puede untar su miembro con otras mixturas; por ejemplo, la miel, útil para acrecentar el roce de los órganos, y la pimienta, conocida por sus virtudes excitantes, son ingredientes habituales de dichas composiciones.

En la actualidad, en los *sex-shops* se venden cremas para friccionar la verga antes del acto. En los mercados de las Antillas es frecuente encontrar una corteza llamada «madera de hombre» con virtudes afrodisíacas. Triturada y en infusión con ron o agua, tiene fama de poseer propiedades vasodilatadoras que facilitan una erección prolongada.

La potencia sexual del hombre normalmente dura toda la vida. Con la edad, a veces aparecen problemas fisiológicos, especialmente cuando se ven favorecidos por unos malos hábitos de vida. Una alimentación demasiado rica, el abuso del tabaco y del alcohol son causa de problemas en la circulación de la sangre. La impotencia temporal puede deberse a distintos factores emocionales o a la acumulación de diversos sinsabores (estrés, cansancio, vida sedentaria...).

Vatsyayana destaca la existencia de un ungüento capaz de contraer la vagina de la mujer «elefanta» durante toda una noche, así como de un bálsamo que puede dilatar la vulva de una mujer «cierva».

En algunos países se utilizan las propiedades del sulfato de potasio y de aluminio (alumbre) para estrechar temporalmente la vagina. Esta solución –de poderes astringentes, pero cáustica– se disuelve en agua antes de ser aplicada sobre la vagina ligeramente abierta.

CONCLUSIÓN

Las diversas consideraciones expuestas en el desarrollo de los anteriores apartados no determinan en absoluto un marco estático y rígido para todo el mundo. Afortunadamente, no existe el esquema ideal, sino que cada pareja elige, adapta y elabora las fórmulas que considera más adecuadas.

Evidentemente, este breve tratado de la ciencia erótica va contra cualquier clase de dogmatismo pedante o doctrinal. Cada uno puede extraer de él lo que más le convenga y olvidar todo aquello que no encaje con sus gustos sexuales.

Sus sutiles juegos amorosos están a su disposición; por lo tanto, subraye los fragmentos o las descripciones que le atraigan especialmente, y después haga que su pareja se fije en ellos. Si lo hace, ¡pronto verá colmados sus deseos!

ÍNDICE

Colección Fontana Práctica
Sexualidad

Títulos publicados

Guía sexual para jóvenes y del control de natalidad –
Lieberman y Peck
Puntos del placer – Hsuan Tsai Su-Nu
El músculo del amor. Punto G – Britton
Sinceridad sexual – Shere Hite
Cómo educar hijos sexualmente sanos – J. Flowers
Las técnicas del placer – Dr. William Hartman
Secretos sexuales – Nik Douglas y Penny Slinger
El arte del éxtasis – J. P. Guyonnaud
Amor y sexualidad después de los 40 – Dr. Robert N. Butler
Guía sexual de la pareja – Ruth Westheimer
Salud sexual – T. R. Covington
Intimidad sexual – Lonnie Barbach
La senda del éxtasis – Margo Anand
Hablando de sexo sin tabúes – Chimo Fernández de Castro
Los secretos del orgasmo femenino – Lonnie Barbach
Fantasías sexuales – J. E. Lloyd
El lenguaje sexual del cuerpo – Susan Quilliam
SM. Los secretos del sadomasoquismo – Pat Califia
El Kama-sutra moderno – F. Hérausse